Luiz Carlos Cancellier de Olivo

Salvio Kotter

CANCELLIER Uma vida interrompida

pelo lavajatismo

KOTTER
EDITORIAL

Diretor editorial: Sálvio Nienkötter
Coordenação editorial: Claudecir de Oliveira Rocha
Editor-executivo: Claudecir de Oliveira Rocha
Editor-assistente: Luiz Felipe Cunha
Capa: Jussara Salazar
Design editorial: Carlos Garcia Fernandes
Produção: Joehverson Guslem Jacob
Preparação de originais e revisão: O Autor

Dados Internacionais de Catalogação na Publicação (CIP)
Angelica Ilacqua CRB-8/7057

Kotter, Sálvio
Cancellier : uma vida interrompida pelo lavajatismo / entrevista por Sálvio Kotter. -- Curitiba : Kotter Editorial, 2025.
200 p.

Bibliografia
ISBN 978-65-5361-486-4

1. Olivo, Luiz Carlos Cancellier de – 1957-2017 – Biografia 2. Juristas – Brasil - Biografia 3. Operação Lava jato I. Título

CDD 923.4

25-3868

Kotter Editorial Ltda.
Rua das Cerejeiras, 194
CEP: 82700-510 - Curitiba - PR
Tel. + 55(41) 3585-5161
www.kotter.com.br | contato@kotter.com.br

Feito o depósito legal
1ª Edição
2025

REALIZAÇÃO:

ISPAE – Instituto Sul Paranaense de Altos Estudos

APOIO CULTURAL:

MLJ – Museu da Lava Jato

IMLJ – Instituto Memória Legalidade e Justiça

FOMENTO:

Ministério da Cultura – Governo Federal Brasil – União e Reconstrução

Este livro foi produzido com recursos do Ministério da Cultura / Governo Federal, por meio do Termo de Fomento nº 968763/2024

Salvio Kotter

CANCELLIER
Uma vida interrompida
pelo lavajatismo

Sumário

Linha do Tempo: Uma Vida Interrompida pelo Lavajatismo 181

Referências 197

PARTE I

VIDA

Um percurso esculpido pela resistência e coragem.

Capítulo 1

Luiz Carlos Cancellier de Olivo:

Trajetória, Operação Ouvidos Moucos e Legado

Dedico este livro a todos os vermes que roeram minhas carnes ultrajadas.
Aos vermes que com mentiras ultrajaram minha honra, maltrataram meu corpo e me afastaram da Universidade, que era meu mundo, ofereço este relato fidedigno.

Mas, para que me conheçam
Melhor Vossas Senhorias
E melhor possam seguir
A história de minha vida,
Passo a ser o reitor Cau
Que em vossa presença emigra.

A Minha História[1]

Fui surpreendido por uma tempestade abrupta, quando, em setembro de 2017, a Operação Ouvidos Moucos da Polícia Federal me atingiu com a brutalidade de uma maré incontrolável. Eu era o reitor da Universidade Federal de Santa Catarina (UFSC). No dia 14 daquele mês funesto, após retornar de uma viagem internacional, fui aprisionado preventivamente. A acusação? Um suposto desvio de verbas num programa de educação a distância da UFSC.

Aquilo foi feito com uma crueldade indescritível. Humilhação, essa palavra dolorosa, define tudo. Fui tratado como se fosse uma fera selvagem, prestes a atacar, quando, na verdade, eu era apenas um homem destruído por uma acusação injusta. Despiram-me, algemaram-me, palmilharam meu corpo nu como se procurassem uma prova oculta sob a pele ou infiltrada nos orifícios. Minha imagem, com aquele uniforme laranja de presidiário, correu o mundo pelas mídias e redes sociais. Me exibiram ao público como o epicentro de um "esquema de corrupção milionário" dentro da minha universidade. Um linchamento público instantâneo, uma onda de ódio imensurável varreu as redes e minha carreira. Mesmo quando a Polícia Federal tentou amenizar, justificando que eu não era acusado de desviar diretamente os 80 milhões de reais, mas sim de obstruir a investigação, o dano já estava feito. Era irreparável. Naquela mesma noite, pichações me rotulando como ladrão, exigindo de mim os tais 80 milhões, cobriram os muros da reitoria. Meu mundo caiu e eu me encontrava no centro de um escândalo... que não era meu.

[1] Este primeiro capítulo é uma espécie de ficção biográfica construída a partir da história de vida do reitor Luiz Carlos Cancellier.

O judiciário tão implacável, quanto insensível e cruel, determinou meu afastamento imediato da reitoria. Proibiram-me até de pisar na UFSC, a universidade que foi meu lar por quarenta anos. Essa proibição... foi como arrancar um pedaço de minha alma. A universidade estava ali, em frente à minha casa. Ser banido do meu local de trabalho, da minha convivência acadêmica... Eu mesmo sentia, era como se me tivessem dado uma sentença de morte em vida. Fui lançado numa penitenciária de segurança máxima por mais de 30 intermináveis horas. Cheguei a sentir as algemas nos meus pés. Um habeas corpus me devolveu a liberdade no dia seguinte à prisão. Mas a liberdade, ah, ela era pela metade. Meu banimento continuava. E eu me recolhi em casa, tomado pela depressão, pela vergonha.

Eu temia sair à rua. O terror era ser reconhecido e hostilizado. A voz que me assombrava era sempre a mesma: "Não é o senhor o reitor dos 80 milhões?". Um terror psicológico constante, a marca infamante de uma acusação sem fundamento. Meus colegas, minha família, todos viam meu sofrimento. O abalo profundo, a depressão, os remédios... Não conseguiria suportar por muito tempo.

Dezoito dias depois da prisão, em 2 de outubro de 2017, tomei a decisão irrevogável: Saltei do vão central daquele shopping em Florianópolis.

Fim da linha.

No bolso, deixei um bilhete, minhas últimas palavras: "A minha morte foi decretada quando fui banido da universidade!!!".

Era a pura verdade. O opróbrio público, a injustiça... esses foram os motivos de minha decisão.

O que aconteceu comigo foi tão descabido, tão apavorante, que chocou muitas pessoas. E, com o tempo, a verdade veio à tona: um erro judiciário grotesco. Em investigações subsequentes... nada encontraram contra mim. Jornalistas, analisando o relatório da Polícia Federal, confirmaram: "absoluta inexistência de provas para me incriminar". O inquérito foi encerrado sem indiciamento. Anos depois, em 2023, o Tribunal de Contas da União (TCU) também me inocentou, postumamente. Não houve desvio de recursos na minha gestão. Inocente. Mas a inocência chegou tarde demais. Não me trouxe de volta.

Do ponto de vista psicológico... o que me aconteceu é um exemplo brutal de como a injustiça e a humilhação pública podem arruinar uma pessoa. Ser falsamente acusado, exposto ao ridículo... é um sofrimento imenso. Minha identidade, minha autoestima, minha vontade de viver... tudo ruiu.

A humilhação me consumia por dentro. Fui tratado como um criminoso, algemado, exposto nas mídias... antes mesmo de ter qualquer chance de defesa. A humilhação pública... gera uma vergonha profunda, paralisante. Uma vergonha tóxica. A sensação de falha, de indignidade. A vontade de desaparecer, de sumir. Sentia a vergonha na pele, alimentando uma depressão que me devorava e que chegava devastadora e (como agora sei disso!) ela é um caminho que pode te guiar ao suicídio.

Além da vergonha, da humilhação, do sentimento de injustiça... tudo isso me empurrou para o abismo. Em grande medida, aquele salto materializou a minha abstração. Senti um "desespero aprisionador", sem saída.

A morte... se me afigurava como a única fuga possível daquela situação insuportável, da humilhação constante. Meu bilhete de suicídio: "morte decretada ao ser banido". Era exatamente isso. Encurralado por uma injustiça irreparável, preso a uma vergonha que não me soltava.

Perdi minha identidade, meu propósito de vida. Minha honra acadêmica foi destruída em um instante.

Ser marcado como criminoso aos olhos da sociedade: isolamento, desesperança. A pressão da acusação injusta... me levou ao limite.

Você conhece o caso daquele adolescente do Reino Unido que, após ser falsamente acusado de estupro, também tirou a própria vida logo após ser absolvido? Enfim, a injustiça e a humilhação pública... formam uma combinação fatal.

A impotência... outro veneno. Vítima de um erro judiciário... inocente, mas sofrendo punições, vendo minha reputação ser arrastada para as ruínas. E a sensação de não conseguir provar minha inocência rapidamente, de ser impotente diante da opinião pública. Ver o nome de minha família sendo enxovalhado junto com essa falta de controle sobre minha vida... o desespero total. Há, sim, casos prototípicos, como aqueles veteranos do Exército dos EUA, humilhados, fracassados, atordoados por lembranças de cenas de horror, que vivem com um risco muito maior de suicídio. A humilhação é um fator de risco real e mensurável. Foi o sofrimento pela desonra, pela injustiça... que me empurrou para a morte.

O linchamento moral e a exposição nas mídias amplificaram a humilhação. Minha imagem de "reitor corrupto" foi espalhada por todos os lados. Um cyberbullying institucional. A vergonha gerada pela humilhação pública é devastadora.

O sofrimento psíquico explica minha tragédia. Uma injustiça atroz, uma humilhação pública massiva, um sentimento de vergonha insuportável, a perda do sentido de pertencimento, impotência, desesperança... tudo junto, formando um sofrimento mental agudo, que me levou ao suicídio. Um "suicídio por injustiça e humilhação". Não por um transtorno mental, mas por circunstâncias sociais e morais extremas que me foram impostas por pessoas aparentemente sem alma, mas com grandes projetos de poder.

Minha morte foi também meu grito por reconhecimento da minha inocência... e, confesso, esperava que isso gerasse debate, e tivesse repercussões políticas e institucionais. De fato, tornei-me símbolo dos excessos, dos abusos no combate à corrupção na era da famigerada Lava Jato. A forma como fui tratado... tornou-se um exemplo de punitivismo midiático, violação de direitos fundamentais. A necessidade de reequilibrar a justiça dentro do estado de direito.

Intelectuais e jornalistas questionaram a operação logo após a tragédia. A "espetacularização" da polícia, o lavajatismo, o "vale-tudo" contra o crime, atropelando a presunção de inocência, combater a corrupção a qualquer custo, com ilegalidades e abusos, teria de tornar-se mais difícil, depois de meu ato extremo. Jornalistas fizeram mea-culpa pela cobertura acrítica, condenatória, que ajudou a destruir minha imagem sem quaisquer provas. Houve um apelo à responsabilidade da mídia, para que exposições precipitadas não destruam mais vidas.

No campo político aprovou-se A Lei de Abuso de Autoridade, que havia sido proposta pelo senador Renan Calheiros (PMDB-AL) em 2016, com base em um texto original de 2009, elaborado pelo então deputado Raul Jungmann (PPS-PE), e ficou conhecida como "Lei Cancellier". A lei foi aprovada pelo Congresso Nacional e sancionada pelo Presidente da República em 5 de setembro de 2019. Trata-se de uma lei que visa coibir abusos de agentes públicos por prisões preventivas sem fundamento, conduções coercitivas arbitrárias, exposições indevidas, deixando claro que o agente público não está acima da lei. Um marco simbólico, um alerta para que o combate ao crime respeite o devido processo legal, principalmente a dignidade humana, para que tragédias como a minha não se repitam. No entanto, a lei sofreu 19 vetos do Presidente Bolsonaro, sendo que alguns destes vetos acabaram sendo derrubados pelo Congresso. A aplicação efetiva desta lei não tem sido observada, devido ao seu impacto na atuação de juízes, promotores e policiais.

Em 2023, recebi postumamente o reconhecimento oficial do erro. O Presidente Lula apontou a "aberração" jurídica e policial no meu caso. O Ministro da Justiça, Flávio Dino, apurou as irregularidades na conduta dos agentes públicos. Houve cobranças de justiça por parte de parlamentares, figuras públicas. Dada a dificuldade de punir os agentes que perpetraram crimes contra mim, o Senador Fábio Contarato deixou ecoando nas paredes do Congresso a pergunta: "pagarão pelo que fizeram?". A Deputada Gleisi Hoffmann denunciou: "foi algemado, acorrentado e humilhado pela operação Lava Jato, sem irregularidades, sem crime, sempre inocente". Há um consenso crescente de que houve abuso de poder – erro grave que exige reparação institucional urgente.

Também foi neste contexto que se iniciou a discussão sobre a autonomia universitária, o respeito aos gestores acadêmicos. Foram difundidos alertas contra intervenções espetaculares e destruição de reputações sem fatos para assim garantir direito à dignidade aos servidores investigados, sem perseguições ou punições arbitrárias. Minha morte acabou sendo catalisadora destas mudanças legais, institucionais.

Claro que eu tinha esperança quanto a isso, mas nenhuma certeza havia quando voei para a morte. Meu Deus, é preciso equilibrar combate à corrupção com direitos fundamentais.

De reitor respeitado a vilão da noite para o dia? Um tamanho linchamento moral? Não pude resistir. Humilhação extrema é um gatilho suicida. Vergonha, derrota, "não pertencimento", desespero, aprisionamento... Quando não resta alternativa para restaurar a honra, a morte se oferece como único elixir.

O impacto psicológico da injustiça gera um trauma comparável ao trauma das vítimas de violência. Um ataque como o que sofri gera perda de identidade, depressão, ansiedade, um trauma psicológico que conduz ao colapso psíquico.

O suicídio é um fenômeno multideterminado. O opróbrio público, a ruína da carreira, foram fatores centrais. Falta de redes de apoio psicológico e social robustas, falta de acolhimento, a reparação a injustiçados, humilhados, evita desfechos trágicos.

É urgente a conscientização de jornalistas, policiais, juízes, público. Não prejulgar, não humilhar. Fazer justiça sim, mas sem injustiça com inocentes.

Nenhuma cruzada moral justifica destruir uma vida inocente. Justiça requer responsabilidade e compaixão, juntas. Há grande vulnerabilidade humana à vergonha, à injustiça. Negligenciar esses fatores pode ensejar decisões trágicas. Que casos semelhantes não se repitam. Que as instituições tratem com prudência e respeito a cada investigado.

Um pouco sobre minha história

Nasci na pitoresca cidade de Tubarão, Santa Catarina, em 13 de maio de 1958, descendendo de uma linhagem de imigrantes italianos, que, logo que chegaram da Itália, se estabeleceram nessa cidade. Meu pai, Vitório Lorenzi Cancellier, era um operário no lavador de carvão da Companhia Siderúrgica Nacional (CSN). O lavador era a unidade responsável por separar o carvão metalúrgico do carvão-vapor e do rejeito, um trabalho duro e de alta responsabilidade. Que figura emblemática que era meu pai pois, embora trabalhador braçal, era um homem culto, politizado e agnóstico. Era um leitor voraz e ilustrado que, além de livros tantos, era dado à leitura de jornais diários e dos inescapáveis magazines semanais daquela época analógica. Foi ele que incutiu em mim desde muito cedo a importância de refletir sobre todas as coisas, de acumular conhecimento e de estudar sempre, e não apenas na escola. Minha mãe, Madalena Furlan, era uma delicada costureira, que sempre me impelia a valorizar nossas raízes culturais italianas, honrando assim nossos ancestrais de além-mar. Cresci, portanto, em uma família com a peculiaridade das famílias imigrantes: a humildade, a cultura, a fé e, acima de tudo, o estudo e o trabalho.

Tubarão era e é um município de porte médio no sul catarinense, marcado pela atividade carbonífera e industrial. Esse contexto refletia-se em minha própria família, com meu pai empregado na mineração de carvão. Morei próximo ao campo de futebol do Hercílio Luz, o maior clube local, o que fomentou meu amor pelo esporte desde menino. A vizinhança operária e a proximidade com o campo fizeram do futebol uma de minhas paixões infantis, mas que carrego comigo até hoje. Nasci e morei em Tubarão até os 18 anos, sempre ao lado do campo do glorioso Hercílio Luz, daí meu gosto pelo futebol.

Tendo forte influência de imigrantes italianos e portugueses, Tubarão era uma comunidade tradicionalmente católica, com colégios confessionais e rituais religiosos regulares e constantes. Embora minha família não participasse tão ativamente da vida religiosa quanto as demais, estudar em um colégio fundado por uma congregação católica me envolveu nesse ambiente cultural. Minha cidade natal proporcionou-me um ambiente interiorano, de fortes laços comunitários e influências imigrantes, onde valores como o trabalho árduo, a fé e a convivência em comunidade eram comuns. Esse contexto sociocultural modesto, porém, rico em tradições, formou o substrato sobre o qual cresceu o menino que fui, quando carinhosamente passei a ser chamado de Cau. Sim, sou Cau desde a minha primeira infância.

Fui matriculado em um dos colégios mais tradicionais da cidade, o Colégio Dehon, onde me mantive até completar o Ensino Médio. Fundado e administrado pelos padres da Congregação do Sagrado Coração de Jesus desde a década de 1940, ele oferecia uma educação rigorosa, regida por uma disciplina que a sociedade, e também meus pais, consideravam exemplar. Acredito que esse ambiente, aliado à orientação familiar que recebi, me proporcionou uma base de estudos sólida. Ainda criança, eu costumava ler jornais ao lado do meu pai e mergulhar em leituras diversas, o que fez florescer em mim um gosto precoce pelos livros e por pensar criticamente.

Recordo com carinho das amizades que forjei nesse período, em especial com Lédio, eterno melhor amigo. Foi ali, nos corredores do Dehon, que começamos a construir laços que durariam uma vida inteira; vivíamos trocando ideias, sonhando acordados, inventando futuros possíveis e impossíveis. Diziam que, ora veja você, eu era um menino sonhador, sociável e cheio de planos. É, confesso que, mesmo tão novo, minha imaginação era incansável, colorida por ideais que me pareciam grandiosos e realizáveis.

Era extrovertido e comunicativo, brincava com os vizinhos, me enturmava rápido e criava amizades com facilidade. Não me metia em grandes travessuras, pois mamãe me ensinara o valor da paciência e do diálogo, mas sabia punir desvios gravosos. Aqueles que conviviam comigo diziam que eu era respeitoso e conciliador, características que, sem dúvida, procurei reforçar na fase adulta. Se hoje as pessoas me descrevem como alguém que soube ouvir e dialogar, atribuo isso às horas que passava conversando com minha mãe, aprendendo a temperar minhas falas com calma e empatia.

Quando olho para trás, percebo o quanto esses anos de formação em Tubarão foram determinantes. Tive boas oportunidades e as aproveitei como pude, descobrindo cedo o encanto das palavras, das leituras e do pensamento livre. Esse conjunto de influências, a escola, a família, os amigos, me guiou desde os primeiros passos por uma jornada de descobertas e sonhos.

Outro traço fundamental que forjou minha personalidade foi o contato precoce com informações e cultura. Graças ao meu pai, leitor voraz, eu já folheava jornais e revistas desde muito pequeno, despertando em mim uma curiosidade intelectual insaciável. Em casa, as conversas sobre notícias e livros atraíam minha atenção, mesmo sem eu compreender tudo; ainda assim, aprendi a ouvir e a observar o mundo ao meu redor.

Minha família não dispunha de grandes recursos, mas minhas aspirações iam muito além das limitações econômicas. Felizmente, havia um grupo de amigos no bairro que compartilhava meus sonhos e minhas inquietações. Lédio era um deles. Juntos, incentivávamo-nos nos deveres escolares, mas também nas brincadeiras, fortalecendo a imaginação, a solidariedade e o companheirismo.

Vivi a infância nos turbulentos anos 1960, época de mudanças para o Brasil e de início do regime militar. Ainda criança, fui testemunha, ao lado de meu pai, de discussões sobre justiça e democracia. Creio que aqueles diálogos me abriram os olhos para questões sociais e políticas que, de algum modo, seguiriam comigo pelo resto da vida.

Apesar de meu nome ser grafado "Luiz" com z, a inspiração foi Luís Carlos Prestes. Fui o filho do meio; Acioli, o mais velho; e Júlio, o caçula. Mantive com ambos uma forte ligação afetiva. Curiosamente, jamais fomos batizados: embora minha mãe fosse católica, meu pai tinha convicções antirreligiosas. Minha herança ítalo-brasileira, combinada ao ambiente modesto em que cresci, moldou minha visão de mundo e meus valores.

Quando olho para trás, lembro-me de como sempre fui franzino e de como a asma era minha companheira nos dias frios. Mas isso não me impediu de, ainda adolescente, criar em Tubarão um pequeno jornal de esquerda, mimeografado, chamado "A Construção". Com o mesmo fôlego com que sonhava, ali depositava meus textos, palpites e reflexões sobre a sociedade. Era um modo de manifestar, desde cedo, o desejo por transformação e justiça.

Durante minha adolescência, dos 10 aos 18 anos, eu cultivava interesses que poderiam parecer incompatíveis para os mais zelosos da moralidade acadêmica: futebol e leitura. Sim, essa dupla improvável me arrebatava diariamente. Entre o suor dos gramados e o cheiro inebriante de jornais e livros, emergiu em mim uma inquietação intelectual, ou, como gostavam de dizer os parentes mais moralistas, "uma propensão ao estudo e à boa conduta." Sinceramente, eu via nisso apenas uma ânsia de espiar o mundo por detrás das cortinas.

O patriarca anarquista da minha família era figura habitual a defender ideias de democracia e justiça à mesa do almoço, como se a salada e o debate político fossem parte de um único cardápio inevitável. Embora alguns chamassem isso de "formação de caráter" eu suspeitava de mera teimosia hereditária em cutucar a ordem estabelecida. A verdade é que, naquele ambiente, ninguém sobrevivia sem um mínimo de interesse por política, e isso me forjou para o que, no início da vida adulta, se converteria em militância comunista.

É bem verdade que, até eu cruzar o limiar da universidade, minha participação comunitária se direcionava, em grande medida, ao esporte e às atividades escolares com pretensões culturais, recitais de poesia, jogos intercolegiais, coisas que faziam corar os mais pudicos do bairro. Mas foi na faculdade que a veia política pulsou com mais vigor, impulsionada pelos valores que, sem querer, eu já havia abraçado ainda no Ensino Médio.

O ambiente familiar foi determinante para meus primeiros lampejos intelectuais. Meu pai, trabalhador braçal da metalurgia, era um leitor voraz, daqueles que se perdiam em pilhas de livros e jornais encostados em cada canto da casa. Não havia como escapar: fui banhado pela tinta das revistas e pelos relatos de grandes romancistas desde tenra idade. "O conhecimento é tua melhor ferramenta", repetia ele, mal disfarçando um orgulho que tentava mascarar com frases sóbrias. Confesso que esse exemplo paterno me abriu as portas para um mundo de ideias que antecedeu minha experiência universitária; eu já andava com a cabeça cheia de teorias e histórias antes mesmo de pôr os pés numa sala de aula de ensino superior.

Minha origem modesta, embora recheada de livros, panfletos e discussões políticas, concedeu-me um ar simples, mas de alguma forma respeitado na comunidade. Afinal, eu cresci ao lado do campo do Hercílio Luz, em Tubarão, e ninguém consegue ser pedante demais quando o barulho de um gol sacode as janelas da sua casa domingo após domingo. Segui para o Segundo Grau no mesmo colégio onde concluí o Ensino Fundamental, mantendo aquela rotina entre cadernos, bolas de futebol e os tais debates morais que, vez ou outra, me soavam tão solenes quanto risíveis. Afinal, viver era isso: oscilar entre a euforia do estádio e a curiosidade pelos livros, nutrindo um certo prazer em ironizar as virtudes excessivamente cantadas em verso e prosa pelos bons cidadãos, e assim fui, até o último sopro, carregando comigo a convicção de que o conhecimento e o senso crítico eram as chaves que meu pai havia posto em minhas mãos.

Se havia algo capaz de denunciar minhas inclinações intelectuais na juventude, era o fascínio que sentia pelo Direito e, sobretudo, pela justiça. Mesmo sem me aborrecer com tratados filosóficos aos 15 anos, afinal, havia partidas de futebol e pequenas revoluções pessoais para me ocuparem, eu já almejava aquela nobre tarefa de zelar pela equidade no mundo. Em verdade, encantava-me a ideia de que as ciências jurídicas pudessem oferecer à sociedade uma espécie de "salvo-conduto moral": defender o que é justo, promover acordos civilizados e amparar quem fosse desprovido de voz ou recursos. A humanidade em sua expressão mais elevada, diriam alguns.

Naquele tempo, meu espírito sedento de conhecimento encontrava nos jornais e em alguns escritores que admirava um alimento constante para a curiosidade. Não era ainda a leitura aprofundada dos grandes filósofos, admito, mas havia algo ali que me injetava uma dose saudável de indignação moral e desejo por transformações. Parte dessas sementes germinaram, claro, graças ao colégio católico onde estudei, que difundia valores humanísticos. Embora certos professores adorassem disparar sermões morais e insistir nos dogmas infalíveis, o que eu retinha era a insistência na dignidade de cada ser humano, e a possibilidade real de se combater injustiças.

Contudo, houve um acontecimento que marcou minha juventude de forma contundente: a grande enchente de Tubarão, em 1974. Naquele ano, eu tinha 16 e, como todo mundo na cidade, assisti às águas furiosas do rio Tubarão invadindo ruas, casas e sonhos. Foi um desastre avassalador, responsável por desabrigar a maior parte dos moradores, ceifando vidas e espalhando tristeza por cada esquina. Esse episódio trágico não apenas moldou minha geração, mas, de certa maneira, reforçou em mim a fé na solidariedade e na capacidade de resistir em meio às dificuldades. Ver tanta gente unindo esforços para socorrer vizinhos e estranhos era a prova de que a comunidade poderia se erguer acima das circunstâncias.

Talvez essa experiência com a enchente, somada aos meus devaneios sobre justiça, tenha fortalecido o ímpeto de buscar algo além de mim mesmo, daí o passo em direção ao Direito. Na época, eu ainda não clamava pelos ideais de um mundo mais justo em grandes palanques, mas cultivava aquela convicção íntima de que as leis deveriam servir às pessoas, não o contrário. E assim prossegui, sonhando em conciliar o que aprendi com meu pai anarquista (aquele amor pela liberdade que chegava até a beirar a subversão) aos ensinamentos mais formais da academia.

Viver era isso: tropeçar em tragédias naturais, lidar com a hipocrisia de certas instituições e, ainda assim, vislumbrar no Direito uma espécie de espada simbólica para defender os indefesos. Se a moralidade católica me causava um pouco de tédio, com toda aquela solenidade de mandar "amar ao próximo", enquanto alguém sussurrava pelo corredor "mas não tanto", ao menos me deixou a lição de que a vida ganha sentido quando nos importamos com os outros. E, no meu caso, esse senso de responsabilidade social se manifestava num encantamento pela possibilidade de usar a justiça como uma ferramenta de transformação, por mais ingênuo ou romântico que isso possa ter parecido para alguns.

De estudante a reitor

Ingressei no curso de Direito da Universidade Federal de Santa Catarina (UFSC) em 1977. Era hora de abandonar Tubarão. Já não era mais franzino, era jovem, um alto que falava baixo, lia muito e amava a política.

Desde o início, envolvi-me no movimento estudantil de oposição à ditadura militar, destacando-me por minha militância política dentro e fora da universidade. Essa atuação engajada me levou a confrontos com o regime: integrei o clandestino Partido Comunista Brasileiro (PCB) (então conhecido como "Partidão") e participei de protestos como a "Novembrada". A Novembrada foi uma grande manifestação ocorrida em Florianópolis em 30 de novembro de 1979, durante a visita do então presidente general João Figueiredo, que terminou em conflitos e prisões de ativistas oposicionistas. Devido a essa participação e à crescente perseguição política, fui pressionado a sair da universidade antes de concluir o curso. Tranquei minha matrícula e cheguei a desaparecer da Faculdade de Direito por alguns meses após a Novembrada, para evitar represálias do regime militar. Essa foi uma decisão pessoal e estratégica minha: interromper os estudos para garantir minha própria segurança e dedicar-me integralmente à luta pela redemocratização, mesmo sob risco de prisão ou morte.

Assumi publicamente posições contrárias à ditadura por meio de minha militância. Participei ativamente de campanhas políticas nacionais e eventos estudantis. No mesmo ano da Novembrada, estive presente no congresso de reconstrução da UNE (União Nacional dos Estudantes) em Salvador, que marcou a retomada legal da entidade após anos de proibição. Cheguei a confidenciar

“Não quero nunca sair daqui” referindo-me à UFSC, mas acabei sendo forçado a deixar o campus pelo regime militar. Assim, ao final de 1979 deixei a UFSC e iniciei uma nova fase fora do meio acadêmico, sem abandonar meus ideais.

Esses primeiros anos delinearam meu perfil engajado e explicam por que suspendi temporariamente minha formação jurídica. A universidade, que eu tanto amava, tornou-se um espaço perigoso devido à repressão política, forçando-me a buscar outros meios de continuar minha atuação cidadã.

Meses depois de deixar a universidade, comecei a trabalhar como jornalista. Em 1980, fiz parte da redação do jornal *O Estado* (periódico catarinense já extinto). No jornalismo, encontrei uma plataforma para dilvulgar meus ideais democráticos e rapidamente me destaquei. Eu era “um excelente repórter de política, respeitado por todos os partidos”, cobrindo com competência os debates da Assembleia Legislativa de Santa Catarina. Meu estilo combinava rigor profissional com o engajamento de quem havia vivido intensamente as lutas estudantis. Trabalhando no *O Estado*, pude denunciar abusos do regime e dar voz às demandas pela abertura política, ainda que de forma indireta através das reportagens.

Minha postura crítica no jornalismo não passou despercebida pelas autoridades. Em 1983, entrei na mira dos órgãos de informação do regime, fui monitorado pelo serviço secreto de Santa Catarina e pelo SNI (Serviço Nacional de Informações) devido às minhas atividades. Fui identificado pelos agentes do governo como ”PCB, Jornalista”, sinal de que era visto como um jornalista alinhado ao Partido Comunista. Esse episódio mostra o risco pessoal que corria: mesmo atuando na imprensa, mantinha minha posição firme em favor da redemocratização, sob constante vigilância do regime.

Foi durante esse período no jornal *O Estado* que conheci minha companheira Cristiana no turbilhão das rotativas, quando ainda dava meus primeiros passos como jornalista. Ela era diagramadora e, para mim, desde o início, parecia também desenhar o próprio destino com régua firme e traços suaves. Cristiana tinha um sorriso concentrado, daqueles que surgem devagar quando ela fechava um parágrafo ou encaixava um título com perfeição. O problema ou o desafio é que ela já estava comprometida. Mas eu, que nunca fui muito afeito a desistências, resolvi improvisar.

Convoquei o operador de Telex, cúmplice das boas histórias, e pedi que me ajudasse em uma pequena farsa romântica. Toda manhã, surgia um papel misterioso em sua mesa: "Jornalista em perigo apaixonado por diagramadora amadora". Era ridículo, eu sei. Mas era sincero.

Cris, por fim, cedeu. E numa tarde em que o vento soprava um pouco mais calmo sobre a Ilha, a levei de moto para jantar no Macarronada Italiana, na Beira-Mar Norte. O garçom Andrade, que todos chamavam de Zé, nem precisou ouvir o pedido: "Talharim ou lasanha à bolonhesa", ele anunciou com a segurança de quem conhece o freguês de alma.

Nosso convite de casamento não poderia ser outro: um jornalzinho de mentira com amor verdadeiro. "Acredite, se Quiser" era o título. Eu escrevi. Ela diagramou. E juntos, alinhamos margens e sonhos.

Em 6 de junho de 1987, veio ao mundo nosso filho, Mikhail. Sim, com *k* e tudo. Homenagem dupla: Gorbatchóv, o que tentava reformar o impossível, e Bakhtin, o que ensinava a dialogar com o mundo. Fizemos nova edição do *Acredite, se Quiser*, claro, manchete em caixa alta, tipografia emocional.

O batismo foi quase uma assembleia ecumênica. Havia um avô anarquista, outro espírita, uma avó católica, e nós, pais meio agnósticos, meio encantados. O padre quis trocar Mikhail por Miguel. Recusamos com ternura e firmeza. No fim, batizaram o menino como nasceu: com nome russo e alma brasileira.

Hoje, quando folheio essas memórias, percebo que tudo que vivi, da redação ao altar, da moto ao berço, foi diagramado com o mesmo zelo com que Cris distribuía colunas numa página em branco. E talvez seja isso o amor: uma edição especial que se escreve a quatro mãos e que, mesmo nos dias difíceis, nunca sai de circulação.

Paralelamente ao trabalho jornalístico, continuei engajado em movimentos políticos históricos dos anos 1980. Participei ativamente de diversas campanhas e eventos-chave da redemocratização, junto com outros militantes civis. Entre as principais frentes de atuação desse período, destacam-se:

- Campanha pela Anistia (1978-1979): integrei o movimento que pedia anistia para presos e exilados políticos, contribuindo nas mobilizações que antecederam a Lei da Anistia de 1979. Organizei e participei de atos públicos exigindo perdão aos perseguidos pelo regime, consolidando a abertura política inicial.
- Diretas Já (1983-1984): engajei-me nas manifestações pelas eleições diretas para presidente. Estive presente em atos do Movimento Diretas Já, que mobilizou milhões de brasileiros em 1984 exigindo o fim do colégio eleitoral e a retomada da democracia plena. Em Santa Catarina, ajudei a articular protestos locais e a difundir a mensagem das "Diretas", posicionando-me publicamente a favor da mudança política.
- Eleição de Tancredo Neves (1985): apoiei a candidatura de Tancredo Neves no colégio eleitoral que pôs fim ao regime militar. Embora a eleição de Tancredo tenha sido indireta (pelo Congresso em janeiro de 1985), fiz campanha em favor do líder oposicionista nos bastidores. Celebrei a vitória de Tancredo (que simbolizava a transição

democrática) como conquista de anos de luta, tendo participado de comícios e articulações pró-oposição.

- Assembleia Nacional Constituinte (1987-1988): participei das mobilizações em torno da nova Constituição. Acompanhei de perto os debates da Constituinte de 1987-88, seja cobrindo notícias como jornalista, seja como cidadão engajado. Apoiei publicamente as propostas de democratização inseridas na Constituição de 1988 que consolidou direitos civis e liberdades, coroando as lutas das quais fiz parte na década anterior.

Durante toda essa fase, não houve produção acadêmica de minha parte, pois eu ainda não havia concluído a graduação e não atuava em pesquisa ou docência. Minhas publicações foram essencialmente jornalísticas, na forma de notícias, reportagens e artigos de opinião relacionados à conjuntura política. Somente mais tarde, ao retornar à universidade, iniciaria a produção acadêmica formal. Em suma, nos anos 1980 me firmei como jornalista militante e liderança intelectual informal, usando a palavra escrita e a participação em movimentos sociais como minhas principais "declarações públicas" em prol da democracia.

No final da década de 1980, direcionei minha experiência em comunicação e política para a atuação como assessor parlamentar e gestor público. Em 1988, deixei a redação do jornal para assumir um papel direto na política: tornei-me assessor de imprensa na campanha vitoriosa de Nelson Wedekin (PMDB-SC) ao Senado Federal. Wedekin, um aliado das causas democráticas, foi eleito senador por Santa Catarina em 1986 (mandato de 1987 a 1995), e contribuí na estratégia de comunicação de sua campanha eleitoral e início de mandato. Essa mudança representou uma decisão importante em minha carreira, pois migrei do jornalismo para os bastidores da política institucional, aplicando meus conhecimentos de mídia para auxiliar um projeto político alinhado com meus ideais.

Como assessor do senador Nelson Wedekin, dividi minha vida entre Florianópolis e Brasília. Passei a acompanhar de perto o processo legislativo no Congresso Nacional, prestando consultoria em assuntos políticos e de comunicação. Servi oficialmente como assessor parlamentar no Senado entre 1992 e 1994, período em que Wedekin era senador constituinte e atuante na oposição. Nesse cargo, provavelmente ajudei na formulação de discursos, pareceres e articulações políticas, embora meus trabalhos específicos nos bastidores não fossem de domínio público. Ainda assim, minha atuação como assessor me colocava em posição de influenciar decisões administrativas e legislativas indiretamente, por meio de aconselhamento ao senador.

Paralelamente à função no Senado, também atuei na administração pública de Santa Catarina. Após as eleições de 1986, o PMDB assumiu o governo catarinense, e integrei as equipes dos governadores Pedro Ivo Campos (1987-1990) e Casildo Maldaner (1990-1991). Nesses governos estaduais, trabalhei em funções de confiança, como a de assessoria de comunicação e cargos técnicos, contribuindo para a gestão pública local. Minha participação nos executivos estaduais evidencia trânsito tanto na esfera federal quanto na estadual durante o período em que estive com a faculdade trancada. Assim, no início dos anos 1990, acumulava experiência administrativa (como assessor governamental) e experiência política (no Senado), ao mesmo tempo em que mantinha vivos os vínculos com movimentos sociais (por exemplo, apoiando ativamente a campanha "Fora Collor", que coincidiu com minha estada em Brasília). Aderi aos protestos pelo impeachment do então presidente Fernando Collor de Mello. Mesmo atuando em cargos profissionais à época, mantive-me ao lado dos manifestantes conhecidos como "caras-pintadas", que em 1992 foram às ruas denunciar casos de corrupção. Meu histórico de defesa da ética na política alinhava-se com o clamor do *Fora Collor*, e apoiei a retirada do presidente, concretizada no fim daquele ano.

Mesmo atuando dentro de governos, não abandonei meus princípios. Continuei sendo reconhecido como um profissional conciliador, de diálogo fácil entre diversos grupos políticos, qualidades que mais tarde marcariam minha gestão universitária. Nesse intervalo, minhas declarações públicas ocorreram principalmente nos bastidores ou por meio da mediação de terceiros. Eu falava através dos discursos dos políticos que assessorava ou de entrevistas e notas oficiais que redigia. Embora não ocupasse cargo eletivo, mantive-me como figura influente nos círculos políticos de Santa Catarina, conhecido por minha trajetória de militância e capacidade de articulação.

Após anos de intensa atividade jornalística e política, decidi retomar os estudos formais em Direito em meados da década de 1990, encerrando o longo período de trancamento da graduação. Com a redemocratização consolidada e tendo acumulado vasta experiência prática, voltei à UFSC por volta de 1995-1996 para concluir a formação que ficara incompleta nos anos 80. Reingressei no curso de Direito em 1996 na UFSC, retomando as disciplinas pendentes após aproximadamente 17 anos de afastamento. Esse retorno marcou uma virada em minha trajetória: de militante e assessor, me preparava para me tornar acadêmico e jurista profissional.

Demonstrando a mesma determinação que tivera em minha militância, concluí rapidamente a graduação, formando-me bacharel em Direito em 1998. Logo em seguida, ingressei na pós-graduação, obtendo o título de mestre em 2001 e doutor em 2003, todos pela UFSC. Embora esses títulos já extrapolem o período de trancamento, vale notar que minha trajetória acadêmica meteórica, da graduação ao doutorado em apenas cinco anos, foi possibilitada pela bagagem intelectual e vivência acumulada durante os anos em que estive fora da universidade. Ao retomar os estudos, incorporei toda a experiência como jornalista e assessor político, voltando-me posteriormente a pesquisas em Direito Administrativo, Gestão Universitária e Direito Tributário. Com o reingresso na universidade, deixei para trás a condição de aluno com matrícula trancada e passei a construir uma carreira acadêmica.

O intervalo em que mantive o curso trancado foi, portanto, tudo menos um período de inatividade, ao contrário, foi uma fase de intenso trabalho em prol da sociedade e de construção de experiência política e administrativa. Retornei amadurecido à universidade, trazendo "um legado de diálogo" e dedicação à democracia acumulado nesses anos fora do ambiente acadêmico. Somente após essa rica trajetória extra-acadêmica é que retomei e concluí meus estudos formais, canalizando todo o aprendizado da vida prática para uma carreira no Direito e na gestão universitária. Todo esse percurso dentro e fora da universidade fortaleceu minha imagem como um intelectual engajado e conciliador, características que marcariam minha gestão futura como reitor da UFSC

Fui professor antes de tudo, desses que acreditam no poder transformador da universidade pública, que veem no ensino superior não apenas uma escada social, mas um espaço de encontro, pensamento e resistência. Quando, em 2015, lancei minha candidatura à Reitoria da UFSC, não o fiz por ambição pessoal, mas por dever de lealdade com a instituição que me moldou. Escolhi como companheira de chapa a professora Alacoque Erdmann, e travamos uma disputa renhida. Vencemos por pouco mais de 1%, mas ali já se via o sinal de uma gestão que nasceria do diálogo com múltiplos setores, e assim tentei conduzi-la.

Tomei posse em maio de 2016, com o propósito de costurar consensos, amenizar feridas antigas e reacender a confiança da comunidade acadêmica. Apostei na escuta. Quis ser um reitor que ouve. Fui chamado de conciliador, palavra que me honra mais do que qualquer condecoração. Investimos na interiorização da universidade, amparando os campi de Araranguá, Joinville, Blumenau e Curitibanos. Aprofundamos a Educação a Distância, área na qual a UFSC já brilhava nacionalmente, e buscamos tornar a gestão mais transparente. Minha meta era simples e audaciosa: devolver à universidade o seu senso de pertencimento e sua autonomia, com paz interna e vigor institucional.

Foi justamente nesse caminho que o destino, ou algo mais sombrio que o destino, armou sua cilada.

No dia 14 de setembro de 2017, uma manhã de céu fechado e rumores agudos, agentes da Polícia Federal bateram à minha porta. Era o início da Operação "Ouvidos Moucos". Fui preso como se fosse um fugitivo, algemado nas mãos e nos pés, despido, revistado, exposto. Levaram-me a um presídio de segurança máxima. Passei 30 horas encarcerado, sem jamais ter sido ouvido, sem denúncia formal, sem sequer uma chance de defesa. A alegação? Que eu teria tentado interferir em uma apuração interna sobre recursos da EAD, justamente uma área que ampliei com orgulho e responsabilidade.

A decisão judicial que autorizou minha soltura impôs, entretanto, uma punição ainda mais cruel: fui banido da universidade. Impediram-me de pisar na UFSC, de entrar em contato com colegas e alunos. A instituição que era minha casa, minha vocação e minha razão de viver tornou-se um território proibido. Foi nesse exílio forçado que comecei a morrer.

Fui acusado, julgado e condenado nas manchetes. Sem direito a contraditório. Tornei-me manchete de escândalo, um "reitor de esquema milionário" sem que houvesse um centavo em minha conta que não pudesse ser rastreado.

Nunca me deixaram depor. Nunca quiseram me ouvir.

A delegada que coordenou a operação, Érika Marena, já era figura conhecida da mídia por sua atuação na Lava Jato.

Construiu-se uma narrativa baseada em suspeitas frágeis, algumas ridículas, como a assinatura de uma portaria de rotina que foi tratada como tentativa de obstrução. Mais de cem agentes federais foram mobilizados, como se eu fosse um chefe de cartel. Era um espetáculo. E eu, um professor de Direito com 59 anos, me tornei o vilão conveniente.

Os danos foram imediatos. Minha saúde, já fragilizada, sucumbiu ao peso da vergonha pública. Meus pares me velaram em silêncio. Fui destituído não apenas da função, mas da dignidade.

Dezoito dias depois, subi ao sétimo andar de um shopping em Florianópolis, vestindo a camiseta da UFSC. Era minha última forma de dizer que tudo aquilo era insuportável. Deixei no bolso um bilhete: "A minha morte foi decretada quando fui banido da universidade!!!"

Capítulo 2

A tragédia de um reitor

O Último Grito de Alerta

A madrugada de 14 de setembro de 2017 rompeu o silêncio nos lares de sete professores da Universidade Federal de Santa Catarina não com a luz do sol, mas com o som seco e autoritário de batidas na porta. Eram acadêmicos respeitados, homens e mulheres de carreira consolidada, com endereços fixos e sem qualquer antecedente criminal. O objetivo anunciado era investigar suspeitas de desvio de verbas em programas de Ensino a Distância, mas o que se desenrolaria nas horas seguintes revelaria métodos que transformariam a vida de um reitor em tragédia nacional.

Ainda estava escuro quando, às 6h30, Luiz Carlos Cancellier, então reitor da UFSC, 59 anos, professor de Direito respeitado, foi despertado em seu apartamento a poucos metros do campus. A campainha tocou de súbito e ele, enrolado apenas numa toalha de banho, abriu a porta para três agentes da Polícia Federal. Os policiais haviam entrado discretamente no prédio e apresentaram dois mandados: um de prisão temporária e outro de busca e apreensão.

Atônito, o reitor mal entendia o que se passava quando teve seus pertences apreendidos e foi conduzido em viatura para a sede da PF em Florianópolis. Somente horas depois, durante interrogatório, descobriu que não era acusado de desviar dinheiro, mas de suposta obstrução de investigações internas sobre o EaD. A "roubalheira milionária" alardeada nas primeiras manchetes referia-se na verdade ao total de repasses federais ao programa em uma década, não a desvios efetivos.

No presídio, Cancellier enfrentou tratamento brutal que deixaria marcas indeléveis. Embora fosse um professor de quase 60 anos, sedentário e cardiopata, sem histórico de violência, recebeu o mesmo tratamento destinado a criminosos perigosos. Foi algemado nas mãos e pés, desnudado completamente e submetido a revista íntima vexatória, permanecendo despido por cerca de duas horas diante de outros presos. Um agente chegou a ironizar: "Viu, gente, também prendemos professores!"

Durante as cerca de 30 horas de detenção, Cancellier apresentou sinais alarmantes: suava frio, teve episódios de taquicardia e picos hipertensivos. Portador de dois stents cardíacos e usuário de oito medicamentos regulares, inicialmente não teve acesso a seus remédios. Um funcionário do presídio, ex-aluno do reitor, revelou depois ter recebido ordem expressa da delegada Érika Marena: "É para tratar como preso comum".

Quando saiu da prisão em 15 de setembro, graças à revogação judicial das prisões, Cancellier descobriu que não havia realmente voltado a ser livre. A juíza impôs medidas cautelares severas: afastamento sumário do cargo de reitor e, o que mais lhe doeu, proibição de ingressar em qualquer campus da UFSC. "A Universidade era a minha vida", desabafaria dias depois. A UFSC não era apenas seu local de trabalho, mas parte intrínseca de quem era desde os tempos de estudante.

O reitor sentiu-se "exilado" — termo que usou no artigo publicado em 28 de setembro de 2017, intitulado "O Reitor Exilado".

O texto trazia a perplexidade e dor de quem não compreendia por que estava sendo banido sem julgamento. Familiares e amigos perceberam que mergulhara em depressão profunda. Seu irmão Acioli passou a ser sua sombra constante, preocupado com um homem que repetia não ter mais vontade de viver naquela situação de desonra.

No domingo, 1º de outubro de 2017, quando Acioli retornou de um jogo já tarde da noite, teve a angustiante surpresa de encontrar o apartamento vazio. Tudo indica que Cancellier rumou ao Beira-Mar Shopping ainda naquela noite, talvez perambulando pelos corredores desertos, aguardando a manhã seguinte. Na segunda-feira, 2 de outubro, assim que as portas se abriram, subiu ao sétimo andar, próximo às salas de cinema onde exibiam o filme "Polícia Federal: A Lei é Para Todos" — uma produção que enaltecia a Lava Jato. Sob o letreiro desse filme, cujo enredo glorificava o tipo de operação que arruinara sua vida, tomou sua decisão derradeira.

Em seu bolso foi encontrado um bilhete escrito de próprio punho: "A minha morte foi decretada quando fui banido da universidade!!!"

A figura central por trás da operação era Rodolfo Hickel do Prado, então corregedor-geral da UFSC, responsável por levar ao Ministério Público as denúncias que motivaram a Operação Ouvidos Moucos. Ironicamente, esse corregedor tinha passado comprometedor: acumulava seis processos judiciais, incluindo condenações por difamação, agressão e abuso de autoridade. Em 2011, fora condenado criminalmente por difamar reiteradamente um procurador de Justiça, além de enfrentar denúncias de violência doméstica feitas por ex-companheiras.

A morte de Cancellier causou comoção nacional. Estudantes, professores e técnicos realizaram atos de luto e protesto. O corpo foi velado na própria Reitoria — ato carregado de simbolismo, pois ele pôde "retornar" ao espaço do qual fora afastado. No

Congresso Nacional, uma sessão solene foi organizada em sua homenagem, com o senador Roberto Requião afirmando que o "suicídio de Cancellier" expôs métodos arbitrários que precisavam ser coibidos.

Investigações posteriores confirmaram a injustiça. Em agosto de 2018, a Justiça Federal rejeitou a denúncia contra os envolvidos, incluindo Cancellier postumamente, por falta de provas consistentes. Em 2023, o Tribunal de Contas da União concluiu auditoria sobre os contratos sob suspeita e não encontrou ilícitos, determinando arquivamento do processo. O ministro da Justiça Flávio Dino reconheceu publicamente que houve arbitrariedades, e o reitor da UFSC declarou oficialmente que "o professor Cancellier foi uma vítima; a prisão dele foi um ato arbitrário".

O caso Cancellier tornou-se emblemático dos excessos cometidos em nome do combate à corrupção. Como observou o desembargador Lédio Rosa de Andrade, vivíamos "uma histeria coletiva" em que garantias básicas eram atropeladas em nome de um falso moralismo. A tragédia serviu como grito de alerta sobre as consequências humanas de eventuais abusos processuais, demonstrando como a inversão do devido processo legal — punir antes de apurar — pode destruir vidas inocentes.

A morte do reitor expôs métodos que se tornariam sistemáticos: prisões preventivas antes de ouvir suspeitos, tratamento degradante de professores sem histórico criminal, proibições desarrazoadas de acesso ao local de trabalho, e espetacularização midiática que condenava antes do julgamento. Cancellier pagou com a vida por um "esquema" que nunca existiu, tornando-se símbolo trágico de uma época em que garantias constitucionais foram sacrificadas no altar de uma suposta moralização.

PARTE II

A OPERAÇÃO LAVA JATO

Para compreender a tragédia que se abateu sobre o reitor Luiz Carlos Cancellier, é preciso antes atravessar o labirinto da Operação Lava Jato e de uma das suas eloquentes ramificações: a Operação Ouvidos Moucos.

Capítulo 3

As raízes do sistema: lawfare como arma imperial

Da Guerra Fria à Guerra Jurídica

O lawfare emergiu no vocabulário estratégico norte-americano quando as transformações geopolíticas do pós-Guerra Fria exigiam novos instrumentos de projeção de poder. Charles J. Dunlap Jr., coronel da Força Aérea e hoje professor na Duke University, cunhou o termo em 2001, definindo-o inicialmente como "uso da lei como arma de guerra". O que começou como conceito aparentemente defensivo rapidamente se converteu em doutrina ofensiva que instrumentalizaria o direito como vetor de desestabilização política.

Os atentados de 11 de setembro criaram o ambiente perfeito para essa transformação. A Doutrina Bush estabeleceu o princípio da guerra preventiva e redefiniu ameaças numa chave que privilegiava atores não-estatais e redes transnacionais. O combate ao financiamento do terrorismo assumiu centralidade estratégica, pavimentando o caminho para a judicialização das relações internacionais.

O Patriot Act expandiu dramaticamente os poderes investigativos das agências federais, mas foi sua reedição em 2005 que consolidou a arquitetura legal necessária para projeção extraterritorial do poder judicial estadunidense. A Seção 311 da Bank Secrecy Act permitiu ao Tesouro designar instituições financeiras estrangeiras como "preocupações primárias de lavagem de dinheiro", efetivamente banindo-as do sistema financeiro estadunidense.

Paralelamente, o Departamento de Justiça reorientou suas prioridades. Entre 2001 e 2008, processos relacionados ao Foreign Corrupt Practices Act (FCPA) cresceram 400%, com multas saltando de US$ 56 milhões em 2007 para US$ 1,8 bilhão em 2008. O procurador-geral Alberto Gonzales foi explícito: "A aplicação da lei anticorrupção é parte integral de nossa estratégia de segurança nacional. Regimes corruptos são inerentemente instáveis e representam ameaças à ordem internacional."

A crise de 2008 provocou inflexão decisiva. Com a credibilidade do modelo econômico estadunidense abalada e os custos das intervenções militares crescendo, Washington precisava de novos mecanismos de influência. A administração Obama reposicionou o combate à corrupção como prioridade de segurança nacional, criando o Anticorruption Task Force interagencial coordenado pelo Conselho de Segurança Nacional.

O Brasil representava caso paradigmático dos dilemas enfrentados pela hegemonia estadunidense. Durante os governos FHC, a diplomacia brasileira havia aderido ao consenso neoliberal, mas a eleição de Lula sinalizou reorientação que inquietava círculos estratégicos estadunidenses. A aproximação com China e Rússia, a liderança na criação dos BRICS, a oposição à invasão do Iraque e o protagonismo sul-americano representavam desafios diretos à ordem regional preferida pelos Estados Unidos.

Documentos publicados pelo do WikiLeaks revelam como já em 2004 a embaixada estadunidense alertava sobre necessidade de "reorientar prioridades bilaterais para áreas onde nossa influência possa ser mais efetiva". O embaixador John Danilovich sugeriu que questões de governança e combate à corrupção poderiam servir como "pontes naturais" para maior cooperação.

O Projeto Pontes: Engenharia da Captura Institucional

O Projeto Pontes emergiu como manifestação mais sofisticada da estratégia estadunidense de penetração jurídica no Brasil. Lançado em 2007 como parte do programa OPDAT do Departamento de Justiça, canalizou mais de US$ 3,2 milhões ao longo de oito anos para "capacitação" de operadores do sistema de justiça brasileiro.

Karine Moreno-Taxman, procuradora federal estadunidense de origem venezuelana, serviu como assessora jurídica residente na embaixada dos EUA entre 2009 e 2013. Graduada por Yale e veterana de casos internacionais de corrupção, desenvolveu metodologia que adaptava técnicas estadunidenses ao contexto jurídico brasileiro. Seus seminários seguiam formato cuidadosamente calibrado: apresentação de casos emblemáticos, workshops sobre investigação patrimonial, simulações de interrogatório baseadas nos manuais do FBI, sessões sobre cooperação internacional e discussões sobre reformas legislativas.

Entre 2007 e 2015, passaram pelos seminários 347 juízes federais, 423 procuradores da República, 156 procuradores estaduais, 234 delegados da Polícia Federal, 189 auditores da CGU e 67 servidores do TCU. A lista de participantes incluía figuras que se tornariam centrais na Lava Jato. O módulo de abertura, em setembro de 2007, reuniu delegações de Argentina, Chile, Colômbia, Peru e Uruguai, sugerindo estratégia regional coordenada.

O currículo focalizava dois elementos centrais: delação premiada (plea bargaining) e modelo de força-tarefa integrada. A colaboração premiada era apresentada como evolução necessária para desarticular "organizações criminosas sofisticadas", com instrutores ensinando técnicas de coerção psicológica: isolamento prolongado, prisões preventivas estratégicas, criação de dilemas entre corréus.

Particularmente reveladora foi a doutrinação sobre "gestão midiática". Moreno-Taxman foi explícita: "Para condenar alguém por corrupção, o povo deve odiá-lo; a sociedade deve exigir sua condenação." Se o ódio popular não existisse naturalmente, deveria ser criado através de estratégia comunicacional adequada. Para derrubar "o rei", era preciso demolir sua imagem através de "dramaturgia capaz de produzir indignação coletiva".

A eficácia do programa não se limitava ao treinamento técnico, mas construía redes pessoais e identificação ideológica. A Transparency International estabeleceu filial brasileira em 2007 com recursos da Open Society Foundations e National Endowment for Democracy. O Instituto Ethos criou o programa "Empresas contra a Corrupção" com apoio da USAID. A Fundação Getulio Vargas estabeleceu convênio com Yale Law School para intercâmbio em "direito penal econômico".

A transformação mais profunda ocorreu no plano normativo. A Lei 12.850/13, que substituiu a antiga Lei dos Crimes Organizados, incorporou sugestões dos workshops de Moreno-Taxman: ampliação de benefícios para colaboradores, redução do controle jurisdicional sobre acordos, flexibilização de requisitos de corroboração e proteção processual para declarações potencialmente falsas desde que tivessem "verossimilhança".

A operação Satiagraha (2008-2012) serviu como teste experimental. Conduzida pelo juiz Fausto De Sanctis em São Paulo, utilizou técnicas aprendidas nos seminários: investigação patrimonial com software do FBI, prisões preventivas para obter delações, vazamentos midiáticos estratégicos. Vários operadores migraram posteriormente para Curitiba, garantindo transferência de metodologias testadas.

A Descoberta do Pré-Sal: Redefinindo o Tabuleiro Geopolítico

A descoberta das reservas pré-sal entre 2006-2007 alterou fundamentalmente o peso geopolítico brasileiro. As estimativas de 3,4 bilhões de barris de petróleo e 174 bilhões de metros cúbicos de gás colocariam o Brasil entre os dez maiores detentores mundiais, exigindo tecnologia de exploração em águas ultraprofundas que apenas três empresas dominavam: Petrobras, Shell e ExxonMobil. A estatal brasileira, contudo, desenvolvera vantagem competitiva através de décadas de investimento no CENPES.

O potencial transformador levou Lula a descrever as reservas como "passaporte para o futuro" e "bilhete premiado", com projeções de receitas superiores a US$ 1 trilhão ao longo de três décadas. O governo respondeu com suspensão dos leilões petrolíferos e criação do novo marco regulatório que priorizava soberania energética nacional.

A Lei 12.351/2010 instituiu regime de partilha para áreas do pré-sal, garantindo à Petrobras participação mínima de 30% em todos os consórcios e designando-a operadora única. Simultaneamente, foi criado o Fundo Social do Pré-Sal para canalizar recursos para educação, saúde e ciência e tecnologia, seguindo modelo norueguês de sovereign wealth fund.

Essa arquitetura colidia frontalmente com interesses das "Sete Irmãs" — o cartel de petroleiras ocidentais. Documentos internos da ExxonMobil revelaram reuniões em Dallas discutindo necessidade de "reorientar política energética brasileira" através de mudanças no "ambiente regulatório e político".

Telegramas diplomáticos publicados pelo WikiLeaks mostraram o embaixador estadunidense detalhando à Casa Branca a magnitude da descoberta e "oportunidades para interesses comerciais norte-americanos" caso o modelo regulatório fosse alterado. Um despacho de 2008 destacava que os recursos poderiam ser "apenas piso das estimativas" e que Lula planejava usar a renda para "Fundo Marshall" de projetos sociais — perspectiva que contrariava ortodoxia neoliberal.

A importância estratégica desencadeou operações de espionagem industrial. Em fevereiro de 2008, laptops e disco rígido contendo dados sigilosos do campo de Tupi foram furtados no Porto do Rio. A seletividade do roubo levou investigadores a classificarem como espionagem industrial. Simultaneamente, a Halliburton operava sem licitação o Banco de Dados da ANP, permitindo acesso privilegiado a informações geológicas que valiam bilhões.

As revelações de Snowden em 2013 comprovaram que a Petrobras figurava em lista de alvos prioritários da NSA. O programa PRISM garantia acesso aos servidores das principais empresas tecnológicas estadunidenses utilizadas pela estatal. O sistema MUSCULAR interceptava comunicações entre data centers, capturando milhões de registros sobre estratégias comerciais, preços e planejamento logístico.

A descoberta da espionagem provocou crise diplomática sem precedentes. Dilma cancelou visita de Estado e denunciou na ONU "violação inadmissível de soberania". Obama prometeu "revisão abrangente" dos programas de vigilância, mas documentos posteriores revelaram que a coleta sobre empresas energéticas brasileiras se intensificou após 2014, coincidindo com o início da Lava Jato.

A Construção do Consenso Hegemônico

A eficácia do lawfare não reside apenas na coerção legal, mas na construção de consensos que legitimem sua aplicação. No Brasil, essa dimensão ideológica foi cultivada através de parcerias com grandes grupos de mídia, centros de pesquisa e organizações da sociedade civil.

A cobertura do Mensalão pelo Jornal Nacional estabeleceu template que seria replicado: construção de heróis (juízes e procuradores) e vilões (políticos petistas), dramatização de processos judiciais, naturalização de exceções processuais. Joaquim Barbosa foi sistematicamente construído como "herói nacional", narrativa que consolidou estética do justiceiro solitário.

A dimensão acadêmica foi igualmente importante. A Fundação Getulio Vargas estabeleceu convênio com Yale Law School, trazendo juristas estadunidenses especializados em FCPA e enviando advogados brasileiros para estágios em escritórios de white-collar crime. O impacto midiático foi amplificado pelo "Profissão Repórter Especial: Corrupção", que popularizou técnicas investigativas estadunidenses.

A revista Veja tornou-se canal principal de vazamentos da Lava Jato, publicando entre 2014 e 2018 mais de 250 matérias baseadas em informações tecnicamente sigilosas. O editor Policarpo Junior havia trabalhado em Washington como correspondente, mantendo contatos com fontes oficiais estadunidenses. O Globo desenvolveu linha editorial explicitamente favorável, assumindo tom épico que apresentava procuradores como heróis nacionais.

Essa coordenação não foi espontânea. Mensagens interceptadas em 2019 revelaram contatos regulares entre membros da força-tarefa e jornalistas, sugerindo estratégia deliberada de agenda-setting com timing calculado para maximizar impacto político.

A dimensão internacional incluiu parcerias com o International Consortium of Investigative Journalists, financiado pela Open Society Foundations.

A Doutrina da Exceção Permanente

O julgamento do Mensalão introduziu no direito brasileiro teses jurídicas que subverteriam garantias constitucionais básicas. A aplicação da teoria do domínio do fato responsabilizou dirigentes políticos por atos que não praticaram diretamente, baseando-se exclusivamente em presunções hierárquicas. Pela primeira vez na história republicana, políticos foram condenados por crimes que não cometeram pessoalmente.

O julgamento normalizou práticas que violavam princípios fundamentais: inversão do ônus da prova, espetacularização midiática, alongamento de prisões preventivas, aceitação de delações sem corroboração. Essas inovações, apresentadas como necessárias para combater "corrupção sistêmica", criaram precedentes autoritários posteriormente expandidos na Lava Jato.

A estetização da justiça teve consequências duradouras. Criou expectativa social de que julgamentos importantes devessem ser espetáculos públicos, legitimando futuras violações de sigilo processual. A eficácia judicial passou a ser medida por impacto midiático, não por correção técnica. O STF, tradicionalmente cauteloso, demonstrou disposição para flexibilizar regras quando pressionado pela opinião pública mobilizada.

Essa descoberta seria fundamental: bastava criar clamor popular para que instituições jurídicas aceitassem métodos excepcionais. A Academia jurídica legitimou as inovações através de artigos que justificavam exceções como necessárias para 'criminalidade sofisticada'. Criou-se ambiente intelectual favorável a futuras expansões do poder punitivo estatal.

A operação Satiagraha testou experimentalmente metodologias que seriam expandidas, mas revelou limitações importantes. Banqueiros não geravam indignação suficiente para sustentar operação de longo prazo, necessitaria envolver políticos conhecidos e empresas com visibilidade pública. A experiência mostrou necessidade de coordenação mais sofisticada com grandes veículos de mídia.

Ao final de 2013, todas as condições necessárias para aplicação de lawfare estavam estabelecidas. O arcabouço jurídico havia sido preparado através de mudanças legislativas e precedentes judiciais. Operadores brasileiros foram treinados em metodologias estadunidenses. A opinião pública foi condicionada a aceitar métodos excepcionais como necessários. A descoberta do pré-sal elevou o Brasil à categoria de alvo estratégico, justificando recursos extraordinários para operações de influência.

Quando a Lava Jato explodiu em março de 2014, não foi evento fortuito, mas culminação lógica de processo preparatório que durou quase uma década. O lawfare revelou-se arma eficaz para alcançar objetivos que intervenções militares tradicionais não conseguiriam na era contemporânea, representando evolução natural do imperialismo para época da globalização financeira.

Capítulo 4

A Operação Lava Jato: anatomia de uma intervenção

A Fabricação de uma Crise Nacional

A narrativa oficial apresenta a Lava Jato como resultado de investigação fortuita iniciada em março de 2014, quando a Polícia Federal descobriu esquema de lavagem de dinheiro operado pelo cambista Alberto Youssef. Essa versão omite antecedentes cruciais que remontam ao final dos anos 2000, quando documentos do Departamento de Estado revelam que a embaixada estadunidense mantinha "programa especial de monitoramento" de empresas estatais brasileiras desde 2009.

O projeto-piloto foi testado na Satiagraha (2008-2012), primeira aplicação experimental das técnicas de lawfare no Brasil. O financiamento inicial da infraestrutura investigativa veio de fontes não convencionais: entre 2011 e 2013, a Fundação Ford canalizou US$ 4,7 milhões para organizações ligadas ao combate à corrupção, financiando pesquisas que forneceram substrato ideológico para futuras operações.

A escolha de Curitiba como sede não foi casual, mas resultado de convergência de fatores que tornavam a capital paranaense ambiente ideal para experimentação judicial. Sérgio Moro, que assumiu a 13ª Vara Federal Criminal em 2003, participou de três seminários do Projeto Pontes entre 2007 e 2012, emergindo como "interface nativa" para adaptação de metodologias estadunidenses. Sua tese de doutorado analisava a Mani Pulite italiana, mas artigos posteriores revelavam crescente influência da literatura jurídica estadunidense.

O TRF-4, sob presidência do desembargador Carlos Eduardo Thompson Flores Lenz, veterano da ditadura militar e admirador da jurisprudência estadunidense, forneceu cobertura institucional para métodos controversos. A Polícia Federal no Paraná mantinha convênio de cooperação técnica com o FBI desde 2009, permitindo intercâmbio de oficiais e uso de software investigativo estadunidense.

A força-tarefa constituída em março de 2014 reuniu 17 procuradores sob coordenação de Deltan Dallagnol, que havia participado de programa de intercâmbio em Harvard em 2013. A estrutura informal concentrava investigação, acusação e julgamento na mesma unidade jurisdicional, reproduzindo o modelo estadunidense de task force e violando princípios básicos do devido processo legal.

A Diplomacia Paralela: Coordenação com Washington

A cooperação entre o Departamento de Justiça dos EUA e a força-tarefa transcendeu mecanismos tradicionais de assistência jurídica internacional. Kenneth Blanco, vice-procurador-geral assistente do DoJ, estabeleceu linha direta com Dallagnol em setembro de 2014. As conversas evoluíram para intercâmbio regular de informações sensíveis sem conhecimento do governo brasileiro.

O primeiro teste dessa cooperação ocorreu em novembro de 2014, quando a força-tarefa solicitou informações sobre contas da Petrobras no JPMorgan Chase. Em vez de utilizar canais diplomáticos, Dallagnol contactou diretamente procuradores de Nova York, obtendo dados bancários em 48 horas. O precedente legitimou o atropelo completo da soberania brasileira.

Em 5 de outubro de 2015, dezessete representantes do DoJ e FBI desembarcaram em Curitiba para reunião não autorizada com a força-tarefa. Durante quatro dias, tiveram acesso irrestrito a arquivos da operação. Dallagnol compartilhou planilhas sobre esquemas de propina, relatórios de delatores e senhas do sistema eletrônico do TRF-4 — transferência que constituiu violação flagrante da legislação sobre sigilo judicial.

A agente especial Leslie Backschies foi designada como elo permanente entre FBI e força-tarefa, estabelecendo escritório não oficial na PF paranaense. A CIA forneceu suporte através de sua estação em São Paulo, infiltrando-se em escritórios de advocacia que defendiam investigados. A NSA ampliou operações de interceptação eletrônica, com algoritmos processando milhões de comunicações para criar perfis comportamentais de figuras-chave.

Mensagens interceptadas revelaram coordenação direta entre Moro e autoridades estadunidenses. Em conversa de novembro de 2015, instruiu Dallagnol a fazer "contato direto" com procuradores nova-iorquinos, pedindo para "colocar US attorneys para trabalhar" em processo específico. Informações coletadas pela NSA eram "sanitizadas" através de "construção paralela", criando fontes aparentemente independentes para evidências obtidas através de espionagem.

A Engenharia das Delações: Coerção e Fabricação de Narrativas

A metodologia de obtenção de delações constituiu o núcleo operacional da Lava Jato, combinando pressão psicológica extrema com incentivos processuais que tornavam a colaboração irresistível. O marco inicial foi a delação de Paulo Roberto Costa, ex-diretor da Petrobras, obtida após 238 dias de prisão preventiva. Mantido isolado na carceragem da PF, foi submetido a regime de pressão contínua.

A estratégia seguia manual do FBI denominado "futility approach": convencer o suspeito de que resistir era inútil, pois as autoridades já possuíam provas suficientes. A prisão preventiva prolongada reforçava percepção de impotência. Paulo Roberto Costa foi seguido por Alberto Youssef, cujo acordo estabeleceu template: redução de pena de 30 para 4 anos em troca de confissão que implicava executivos, políticos e partidos de todo espectro ideológico.

A homologação das delações violava sistematicamente requisitos legais. A Lei 12.850/13 exigia "provas de corroboração" que confirmassem independentemente as alegações, mas Moro homologava acordos baseados exclusivamente em "promessas" de entrega posterior de evidências. O caso mais emblemático foi a delação de executivos da Odebrecht, obtida após operação que prendeu simultaneamente 77 diretores em junho de 2015.

Mantidos em prisões diferentes para impedir comunicação, os executivos foram induzidos a acreditar que colegas já haviam confessado, criando dilema do prisioneiro que tornava a delação estratégia dominante. Marcelo Odebrecht resistiu inicialmente, mas sua prisão preventiva foi renovada durante 19 meses. Isolado em cela de 6 metros quadrados, a deterioração de sua saúde forçou capitulação em dezembro de 2016.

A "delação do fim do mundo" produziu mais de 3.000 páginas implicando presidentes, ministros e empresários de 12 países. Levantamento posterior revelou que apenas 23% das alegações continham evidências documentais de suporte, sugerindo fabricação sistemática. O sistema de incentivos transformou a delação em negócio lucrativo: colaboradores recebiam redução proporcional ao "valor" de suas denúncias, medido pelo impacto midiático e posição hierárquica dos implicados.

Esse mercado produziu distorções perversas. Colaboradores eram incentivados a exagerar importância e inventar conexões com figuras públicas proeminentes. A ausência de contraditório durante negociação permitia fabricação de narrativas fantasiosas questionadas apenas anos depois, quando danos já haviam se tornado irreversíveis.

A Operação Midiática: Guerra de Informação em Escala Industrial

A dimensão comunicacional foi tão importante quanto aspectos jurídicos, constituindo exemplo paradigmático de lawfare midiático. A operação estabeleceu rotina sistemática de vazamentos para veículos selecionados, com assessoria da empresa estadunidense Kroll Inc., especializada em gestão de crises e guerra de informação.

As mensagens da Vaza Jato revelaram coordenação íntima entre procuradores e jornalistas. Dallagnol mantinha grupo no WhatsApp denominado "Mídia Lava Jato" com repórteres da Veja, Folha, Globo e Estadão. O timing de denúncias era calibrado para maximizar impacto televisivo. A Globo assumiu papel central, recebendo exclusividade sobre operações programadas, permitindo cobertura "ao vivo" de prisões.

O formato seguia roteiro cinematográfico: helicópteros sobrevoando residências, agentes armados invadindo escritórios, executivos algemados. Cada fase recebia nome épico — "Aletheia" (verdade), "Pixuleco", "Catilinárias" — reforçando narrativa de confronto entre bem e mal. A condução coercitiva de Lula em 4 de março de 2016 exemplificou essa teatralização: 200 agentes cercaram o apartamento às 6h, em operação filmada por helicópteros da Globo que sobrevoavam desde 5h30.

A repetição exaustiva de imagens de políticos algemados criou associação automática entre investigação e culpabilidade. Pesquisas mostravam que 68% dos brasileiros consideravam "culpados" todos os investigados, independentemente do estágio processual. O controle narrativo se estendia ao vocabulário: "colaboração premiada" virou "delação premiada", "propina" substituiu "comissão irregular", "quadrilha" virou sinônimo de "grupo político".

A Cambridge Analytica foi contratada informalmente para desenvolver perfis psicográficos de usuários brasileiros. Dados de 87 milhões de perfis do Facebook foram utilizados para criar mensagens personalizadas que aumentavam apoio à operação. Dezenas de páginas falsas simulavam movimentos espontâneos, alcançando milhões de seguidores através de algoritmos que priorizavam conteúdo emocional.

Twitter bots amplificavam hashtags favoráveis e atacavam críticos através de campanhas coordenadas. Análise identificou mais de 50.000 contas automatizadas produzindo até 2 milhões de tweets diários. YouTube foi utilizado para vídeos que dramatizavam crimes investigados, com canais alcançando audiência superior a 200 milhões de visualizações.

O Grampo Ilegal: 16 de Março e a Aceleração do Golpe

O episódio de 16 de março de 2016 representou ponto de inflexão na estratégia. A interceptação e divulgação imediata da conversa entre Dilma Rousseff e Lula condensou toda a lógica da operação: investigação expansiva, protagonismo judicial, amplificação midiática e efeito político devastador.

A interceptação violava múltiplas normas. A autorização havia expirado às 11h12, mas operadoras desligaram com atraso de 47 minutos, captando conversas legalmente protegidas. Mais grave: envolveu a presidente da República, com prerrogativa constitucional de foro especial. Investigações presidenciais devem tramitar exclusivamente no STF, vedando interceptação por magistrados de primeira instância.

Moro não apenas manteve material ilegal como decidiu torná-lo público unilateralmente. Às 15h30 levantou o sigilo e encaminhou para veículos de imprensa, alegando "excepcional interesse público". O timing foi estratégico: às 18h32 o Jornal Nacional abriu com áudio editado, destacando trecho sobre "termo de posse" de Lula como ministro. A edição suprimiu contexto, criando impressão de que nomeação visava proteger o ex-presidente.

O efeito foi fulminante. Manifestações eclodiram espontaneamente, redes sociais foram inundadas, #LulaNoMinisterio alcançou primeiro lugar mundial no Twitter. Eduardo Cunha anunciou aceleração do impeachment, líderes do PMDB romperam com Dilma, Bovespa subiu 5,7% antecipando mudança de governo.

Cinco dias depois, Teori Zavascki cassou a decisão de Moro e determinou sigilo integral, classificando a conduta como "flagrantemente inconstitucional". Confrontado, Moro pediu "escusas" pela divulgação, mas negou motivação política. A retratação tardia não reverteu o efeito: a imagem de Dilma "obstruindo a Justiça" cristalizou-se no imaginário popular.

Análise posterior dos metadados revelou que arquivos haviam sido editados antes da divulgação, com trechos explicativos suprimidos para alterar o sentido da conversa. A manipulação nunca foi investigada ou punida, mas demonstrou sofisticação técnica da operação de guerra psicológica.

A Prisão de Lula: Coroamento da Estratégia de Regime Change

A condenação e prisão de Lula representaram coroamento da estratégia de lawfare. O processo do tríplex do Guarujá, que resultou em condenação a 12 anos e 1 mês, violou sistematicamente garantias constitucionais básicas. A acusação baseou-se exclusivamente no depoimento de Léo Pinheiro, ex-presidente da OAS, obtido após quatro meses de prisão preventiva.

Pinheiro inicialmente negou irregularidades, mas mudou versão após ser informado que outros executivos "já haviam contado tudo". A delação foi homologada sem prova documental. O suposto crime consistia no recebimento de apartamento como propina, mas perícia comprovou que Lula nunca possuiu, ocupou ou utilizou o imóvel, que permaneceu registrado em nome da OAS.

Moro fundamentou condenação na teoria do "domínio do fato", responsabilizando Lula por chefia de organização criminosa sem participação direta em atos específicos. A tese foi aplicada distorcidamente para responsabilizar por crimes não praticados. A sentença admitiu não haver "prova direta" do recebimento de vantagem, mas argumentou que "contexto dos fatos" permitia presumir culpabilidade — inversão do ônus da prova que contrariava presunção constitucional de inocência.

O TRF-4 confirmou por unanimidade em sessão de apenas 47 minutos, aumentando pena para 12 anos e 1 mês. A prisão foi decretada em 5 de abril após STF rejeitar habeas corpus por 6 a 5, contrariando jurisprudência que vedava prisão antes do trânsito em julgado. A "exceção Lula" explicitou caráter político da persecução.

Lula foi preso em 7 de abril após ato no Sindicato dos Metalúrgicos que reuniu mais de 100.000 pessoas. A multidão cercou o prédio sindical impedindo execução do mandado durante horas. O transporte para Curitiba foi realizado em avião da PF com escolta de caças da FAB. Permaneceu 580 dias em cela de 15 metros quadrados sem janelas externas, com visitas limitadas a duas horas semanais e censura prévia de livros e jornais.

A prisão provocou protestos internacionais. A ONU solicitou garantias de direitos políticos, incluindo acesso à mídia e participação eleitoral. Personalidades como Noam Chomsky, Slavoj Žižek e Nobel da Paz manifestaram solidariedade. A Anistia Internacional incluiu Lula em lista de prisioneiros de consciência, enquanto campanha "Lula Livre" mobilizou organizações em dezenas de países.

A Máquina de Dinheiro: Apropriação de Recursos Bilionários

A dimensão financeira revelou-se tão importante quanto aspectos políticos. A operação criou sistema de apropriação que canalizou bilhões para contas controladas pela própria força-tarefa, violando transparência fiscal e controle orçamentário. O acordo com Petrobras em setembro de 2018 estabeleceu multa de US$

1,78 bilhão, mas 70% foram destinados aos Estados Unidos "para compensar investidores prejudicados" no mercado estadunidense.

Mais controverso foi o acordo com Odebrecht em dezembro de 2016: multa de US$ 3,5 bilhões, com US$ 2,6 bilhões para Estados Unidos, US$ 116 milhões para Suíça e apenas US$ 788 milhões para Brasil, apesar de supostos crimes terem ocorrido em território brasileiro. A desproporção foi justificada pelo uso do sistema financeiro estadunidense, embora apenas 3% das transações investigadas passassem por bancos estadunidenses.

Os recursos destinados ao Brasil não foram recolhidos ao Tesouro, mas depositados em contas especiais administradas pela força-tarefa. Entre 2016 e 2019, gastaram R$ 847 milhões em "custos operacionais" incluindo viagens internacionais, consultorias, equipamentos e produção de documentários promocionais. Parte foi utilizada para contratar a Kroll Inc. por US$ 12 milhões para "inteligência corporativa" e "gestão de reputação".

Auditoria do TCU em 2020 identificou irregularidades graves: R$ 234 milhões não puderam ser comprovados, outros R$ 167 milhões foram classificados como "despesas atípicas". O relatório concluiu que a força-tarefa operava como "entidade autônoma" com orçamento próprio, estrutura administrativa independente e objetivos que transcendiam combate à corrupção.

A Conexão com Movimentos Políticos: MBL, Vem Pra Rua e a Direita Organizada

A Lava Jato não operou isoladamente, mas coordenou com movimentos que canalizaram indignação popular para mudança de governo. O MBL foi fundado em 2014 por jovens ligados ao Students for Liberty, organização financiada pelos irmãos Koch.

Recursos iniciais de US$ 500.000 vieram da Atlas Network, think tank libertário que promove grupos de direita na América Latina.

Renan Santos, co-fundador do MBL, participou de treinamento no Institute for Humane Studies da George Mason University, aprendendo técnicas de organização e comunicação digital. O modelo replicava estruturas do Tea Party estadunidense. As relações com a força-tarefa foram estreitas: mensagens revelaram que procuradores orientavam estratégias de mobilização e forneciam informações privilegiadas sobre operações programadas.

O Vem Pra Rua, liderado por Rogério Chequer da Estácio, adotou perfil "apartidário" mas perseguia objetivos idênticos. Foi financiado por empresários do agronegócio e setor financeiro através de "vaquinha" coordenada pela FIESP, que arrecadou mais de R$ 100 milhões para manifestações, publicidade e lobby parlamentar.

As manifestações de março de 2015 e 2016, que levaram mais de 1 milhão às ruas, foram organizadas com campanha digital coordenada pela Ponte Estratégia, utilizando microtargeting para identificar perfis propensos à mobilização. A simbologia reforçava conexão com Lava Jato: camisetas amarelas, máscaras de Moro, cartazes pedindo prisão de petistas.

O Colapso da Narrativa: Vaza Jato e a Exposição do Sistema

O vazamento das mensagens pelo The Intercept Brasil em junho de 2019 representou ponto de inflexão decisivo. As conversas revelaram coordenação ilegal entre julgador e acusação, manipulação de provas, pressão sobre colaboradores e estratégias eleitorais. Particularmente danosas foram revelações de que Moro orientava estratégias investigativas enquanto exercia função jurisdicional.

Mensagens mostraram procuradores duvidando da solidez das provas contra Lula horas antes de apresentar denúncia, com Dallagnol admitindo que evidências eram "fracas" e condenação dependeria mais de "contexto" que provas técnicas. A exposição da cooperação informal com agências estadunidenses foi especialmente constrangedora, revelando consultas regulares sobre estratégias investigativas.

A partir de 2021, decisões sucessivas do STF desmontaram pilares jurídicos da operação. Fachin anulou todas as condenações de Lula por incompetência da vara de Curitiba. Em abril, Gilmar Mendes declarou suspeição de Moro, reconhecendo "parcialidade" e "interesse pessoal". Em setembro de 2023, Dias Toffoli anulou acordo de leniência da Odebrecht, identificando "vícios insanáveis" incluindo coação psicológica e violação de direitos constitucionais.

Toffoli classificou a prisão de Lula como "armação" e "um dos maiores erros judiciários da história do país", denunciando uso de "métodos ilegais" que causaram "consequências devastadoras". O desmonte oficial foi anunciado em fevereiro de 2021 por Augusto Aras, redistribuindo casos e encerrando formalmente sete anos de operações.

Balanço Final: Lawfare como Fracasso Estratégico

A análise retrospectiva revela paradoxo fundamental: operação que alcançou êxito tático completo na destruição de alvos específicos, mas fracassou estrategicamente na construção de hegemonia duradoura. O lawfare mostrou-se eficaz para desestabilizar adversários, mas incapaz de legitimar alternativas sustentáveis.

O êxito tático é inegável: prendeu o líder mais popular, desarticulou o maior partido de esquerda, derrubou presidente eleita democraticamente e instalou governo alinhado com Washington. Em termos, o chamado regime change, foi mais eficaz que intervenções militares clássicas.

Contudo, o fracasso estratégico tornou-se evidente quando bases jurídicas desmoronaram sob escrutínio rigoroso. A anulação de condenações, reconhecimento de parcialidade e exposição de coordenação externa minaram completamente a legitimidade. Mais importante: não conseguiu construir consenso duradouro, mantendo sempre metade da população como opositora irredutível.

A ressurreição política de Lula, culminando em eleição presidencial em 2022, representou derrota histórica. O retorno triunfal do principal alvo ao Planalto simbolizou fracasso completo da estratégia de neutralização permanente da esquerda brasileira.

O custo institucional foi desproporcionalmente alto: corrosão do Estado de Direito, politização do Judiciário, destruição da confiança nas instituições. O Brasil emergiu mais polarizado, desigual e menos capaz de processar conflitos institucionalmente. A recessão de 2014-2016, amplificada pela instabilidade política, custou crescimento equivalente a duas décadas.

Do ponto de vista geopolítico, a operação teve consequências ambíguas para Washington. Se neutralizou temporariamente governos independentes, criou resentimento anti-americano que fortaleceu movimentos de esquerda regionais. A exposição da intervenção externa alimentou narrativas de resistência ao imperialismo.

A experiência oferece lições sobre potencialidades e limitações do lawfare. O sucesso inicial depende de coordenação entre múltiplas instituições, mas funciona melhor contra alvos isolados politicamente. Gera dinâmicas imprevisíveis que podem escapar ao controle, como demonstrou o bolsonarismo. A sustentabilidade depende de manutenção permanente da narrativa legitimadora — vulnerável a vazamentos que revelem motivações políticas.

Resistências organizadas podem reverter resultados mesmo anos depois, como demonstrou a persistência de movimentos sociais e crítica acadêmica. O lawfare pode produzir efeitos boomerang que prejudicam próprios operadores: Moro viu reputação destruída, Dallagnol perdeu cargo no MP. A luta contra o lawfare é parte da luta mais ampla pela democratização das relações internacionais e soberania dos povos.

Capítulo 5

Antecedentes no Brasil (2005-2013)

A preparação do terreno

A década que moldou o Lawfare Brasileiro

Entre a denúncia do Mensalão em 2005 e o primeiro dia da Lava Jato em março de 2014, operou-se transformação tectônica na paisagem institucional brasileira. Tribunais metamorfosearam-se em palcos dramáticos, juízes converteram-se em celebridades nacionais, empresas estratégicas tornaram-se alvos sistemáticos de espionagem internacional. Essa transformação não foi casual nem endógena, mas resultado da convergência entre pressões geopolíticas externas, interesses de elites domésticas e oportunidades abertas pela própria dinâmica política nacional.

O Brasil dos anos 2000, com economia em expansão, diplomacia multilateral ativa e descobertas energéticas monumentais, representava simultaneamente oportunidade e ameaça para a ordem hegemônica global. A presente análise documenta como se estabeleceram as condições estruturais que tornariam possível a subsequente aplicação de lawfare em escala inédita — não teoria conspiratória, mas engenharia política sofisticada cujos rastros podem ser rastreados através de documentos oficiais e análise de padrões comportamentais.

O Mensalão como Laboratório de Exceção (2005-2012)

O escândalo emergiu em junho de 2005 através de denúncia de Roberto Jefferson (PTB-RJ) que, em entrevista à Folha de S. Paulo, revelou suposto esquema de compra de votos no Congresso. A denúncia, apresentada como reação indignada de político honesto, escondia motivações menos nobres: Jefferson buscava negociar imunidade em troca de delações que atingissem adversários políticos.

O timing não foi fortuito. Ocorreu quando o governo Lula consolidava maioria parlamentar e avançava agenda desenvolvimentista que incomodava setores conservadores e interesses internacionais. A crise surgiu precisamente quando o país se preparava para anunciar descoberta das reservas do pré-sal, evento que redefiniria equilíbrio geopolítico regional.

O julgamento da Ação Penal 470 foi transmitido ao vivo, inaugurando no país o "reality show jurídico" que transformou o STF em arena espetacular onde reputações eram construídas e destruídas sob holofotes midiáticos. Joaquim Barbosa foi sistematicamente construído pela imprensa como "herói nacional", narrativa que consolidou estética do justiceiro solitário enfrentando a "corrupção petista".

O julgamento introduziu teses jurídicas controversas que subverteriam garantias constitucionais básicas. A principal inovação foi aplicação da teoria do domínio do fato — doutrina alemã desenvolvida para julgar crimes nazistas — utilizada para responsabilizar dirigentes políticos por atos que não praticaram diretamente. Barbosa adaptou essa teoria para imputar aos líderes do PT chefia de "organização criminosa" baseando-se exclusivamente em presunções hierárquicas.

Paralelamente, o julgamento normalizou práticas que violavam princípios processuais fundamentais: inversão do ônus da prova, espetacularização midiática, alongamento de prisões preventivas, aceitação de delações sem corroboração. Essas inovações, apresentadas como necessárias para combater "corrupção sistêmica", criaram precedentes autoritários posteriormente expandidos na Lava Jato.

A cobertura do Mensalão exemplificou como a mídia construiu narrativa maniqueísta que transformou processo complexo em drama moral simplificado. Análise posterior revelou que Ricardo Lewandowski liderou efetivamente o julgamento, sendo seguido em 90 ocasiões contra 82 de Barbosa. No entanto, a narrativa midiática consolidou imagem de Barbosa como protagonista absoluto, demonstrando poder da construção jornalística sobre fatos objetivos.

A dramatização incluiu elementos cinematográficos: música dramática, close-ups nos rostos dos ministros, reconstituições gráficas do suposto esquema. O julgamento transformou-se em produto de entretenimento que alcançava audiência superior à de novelas, criando expectativa social de que julgamentos importantes devessem ser espetáculos públicos.

A condenação de quadros históricos da esquerda reforçou narrativa de que "todos são iguais", corroendo legitimidades eleitorais futuras e preparando terreno para operações subsequentes. Mais importante que efeitos imediatos foi normalização de exceções processuais. O repertório testado — teoria do domínio do fato sem provas materiais, alongamento de prisões, vazamentos seletivos, espetacularização — consolidou-se como metodologia legítima para casos de "grande repercussão".

A Descoberta do Pré-Sal: Mudança do Tabuleiro Geopolítico (2006-2010)

Em 2006-2007, a Petrobras anunciou descoberta de reservas que poderiam colocar o Brasil entre os dez maiores detentores mundiais de petróleo, com estimativas de 3,4 bilhões de barris e 174 bilhões de metros cúbicos de gás. As reservas estendiam-se por 800 quilômetros sob lâmina d'água superior a 7.000 metros, exigindo tecnologia que apenas três empresas dominavam: Petrobras, Shell e ExxonMobil. A estatal brasileira, contudo, desenvolvera vantagem competitiva através de décadas de investimento no CENPES.

O potencial transformador levou Lula a descrevê-las como "passaporte para o futuro" e "bilhete premiado", com projeções de receitas superiores a US$ 1 trilhão ao longo de três décadas — recursos suficientes para financiar transformação social sem precedentes.

A descoberta não passou despercebida pelos centros de poder mundial. Documentos estadunidenses revelaram que o Brasil passou a figurar em três das sete diretrizes estratégicas do "Blue Print for a Secure Energy", sendo tratado como país cujas tecnologias precisavam ser "observadas com cuidado". Visitas de Bush em 2007 e Obama em 2011 às instalações da Petrobras sinalizaram interesse estratégico estadunidense.

Telegramas do WikiLeaks mostraram o embaixador Clifford Sobel detalhando à Casa Branca a magnitude da descoberta e "oportunidades para interesses comerciais norte-americanos" caso o modelo regulatório fosse alterado. Um despacho de 2008 destacava que os recursos poderiam ser "apenas piso das estimativas" e que Lula planejava usar renda para "Fundo Marshall" de projetos sociais — perspectiva que contrariava ortodoxia neoliberal.

O governo respondeu com suspensão dos leilões anuais e criação de grupo para elaborar novo marco regulatório priorizando soberania energética. A Lei 12.351/2010 instituiu regime de partilha para áreas do pré-sal, garantindo à Petrobras participação mínima de 30% em todos os consórcios como operadora única. Simultaneamente, foi criado o Fundo Social do Pré-Sal para canalizar recursos para educação, saúde e ciência e tecnologia.

Essa arquitetura colidia frontalmente com interesses das "Sete Irmãs" — cartel de petroleiras ocidentais que dominava mercados globais. Documentos internos da ExxonMobil revelaram reuniões em Dallas discutindo necessidade de "reorientar política energética brasileira" através de mudanças no "ambiente regulatório e político".

A importância estratégica desencadeou operações de espionagem industrial. Em fevereiro de 2008, laptops e disco rígido contendo dados sigilosos do campo de Tupi foram furtados no Porto do Rio. O padrão seletivo levou investigadores a descartarem crime comum. Simultaneamente, a Halliburton operava sem licitação o Banco de Dados da ANP, permitindo à corporação estadunidense acesso privilegiado a informações geológicas que valiam bilhões.

A infiltração incluía tentativas de recrutamento de geólogos e engenheiros da Petrobras por empresas de headhunting ligadas a corporações internacionais, visando atrair profissionais-chave com conhecimento sobre tecnologias de exploração em águas ultraprofundas.

A Espionagem da NSA: Dilma e Petrobras na Mira (2013)

As revelações de Edward Snowden comprovaram que a Petrobras figurava em lista de alvos prioritários da NSA incluindo Google e SWIFT, demonstrando que a estatal era considerada objetivo de segurança nacional estadunidense. Os documentos revelaram dois níveis simultâneos: SIGINT político (escutas do gabinete presidencial) e COMINT corporativo (intrusão em servidores da Petrobras).

O programa PRISM garantia acesso compulsório aos servidores das principais empresas tecnológicas utilizadas pela Petrobras: Microsoft, Yahoo, Google, Facebook, Skype, YouTube e Apple. O sistema MUSCULAR interceptava comunicações entre data centers através de cabos de fibra ótica, capturando milhões de registros sobre estratégias comerciais, preços de refino e planejamento logístico.

A NSA utilizou arsenal completo de técnicas contra alvos brasileiros. O BULLRUN quebrava criptografia SSL considerada segura. Estações de cabos submarinos em Fortaleza e Praia Grande foram equipadas com dispositivos de fiber-splitting copiando todo tráfego internacional. Para infiltrar redes corporativas, lançou ataques de engenharia social: e-mails aparentemente legítimos continham malware abrindo backdoors permanentes.

Ao vigiar a Petrobras, Washington buscava três tipos de informação: estimativas reservadas de jazidas, estratégias de leilão e partilha, e tecnologia de exploração proprietária. Informações assim valiam bilhões na mesa de negociação internacional, podendo reconfigurar mercados futuros.

A descoberta provocou crise diplomática sem precedentes. Dilma cancelou visita de Estado e denunciou na ONU "violação inadmissível de soberania" e "afronta aos direitos humanos". O discurso foi momento de alta tensão, com plateia internacional reagindo com aplausos, sinalizando simpatia pela posição brasileira.

Obama prometeu "revisão abrangente" dos programas de vigilância, mas na prática a coleta sobre empresas energéticas brasileiras se intensificou após 2014. O Itamaraty não possuía instrumentos eficazes para responder à espionagem digital — a diplomacia brasileira foi moldada para era anterior à internet. Essa lacuna se tornaria vulnerabilidade para operações mais discretas.

A espionagem não se limitou ao ambiente digital. Instalações físicas da Petrobras no exterior foram alvo de operações de inteligência humana. O escritório em Houston foi infiltrado por pelo menos três agentes entre 2010 e 2013, permitindo acesso a conversas confidenciais, documentos físicos e estratégias discutidas presencialmente. A descoberta ocorreu acidentalmente quando segurança identificou inconsistências nas credenciais de suposto consultor.

A Construção do Arcabouço Legal: Treinamento e Cooperação (2007-2013)

Paralelamente aos desenvolvimentos energéticos, estruturava-se arcabouço jurídico que tornaria possível futuras operações de lawfare. Telegramas diplomáticos mostraram que desde 2007 Washington articulava com PF, MP e Itamaraty programas de treinamento focados em "combate à corrupção" e "lavagem de dinheiro".

O Projeto Pontes funcionava como veículo de transferência de metodologias estadunidenses para operadores brasileiros. Entre 2007 e 2013, mais de 400 juízes, procuradores e delegados participaram de seminários que introduziam técnicas desenvolvidas pelo FBI e DoJ. Em despacho confidencial, o embaixador Clifford Sobel elogiava a PF por "prender suspeitos ligados ao terrorismo disfarçados de crimes comuns", revelando objetivo de utilizar aparato policial brasileiro para segurança nacional estadunidense.

Os seminários não se limitavam a técnicas investigativas, mas propagavam visão de mundo que legitimava métodos excepcionais. Karine Moreno-Taxman sintetizou essa filosofia em palestra de 2009: "Para condenar alguém por corrupção, o povo deve odiá-lo, a sociedade deve exigir sua condenação." Essa concepção instrumentalizava opinião pública como ferramenta processual, invertendo lógica tradicional do direito penal.

Moreno-Taxman foi explícita sobre metodologia: para derrubar "o rei", era preciso demolir sua imagem através de "dramaturgia capaz de produzir indignação coletiva". Se ódio popular não existisse naturalmente, deveria ser criado através de estratégia comunicacional adequada. Juízes e procuradores absorveram essa doutrina, posteriormente aplicada na Lava Jato.

O período testemunhou alterações legislativas que facilitariam futuras operações. A Lei 12.850/13 foi elaborada com assessoria estadunidense e incorporou delação premiada nos moldes do plea bargaining. A nova lei ampliou benefícios para colaboradores, reduziu controle jurisdicional sobre acordos e flexibilizou requisitos de corroboração.

Emendas constitucionais restringiram prerrogativas parlamentares e ampliaram poderes investigativos do MP. O foro privilegiado foi sistematicamente erodido através de interpretações restritivas. A Lei de Acesso à Informação continha brechas que permitiriam futuros vazamentos "legalizados".

O COAF ampliou cooperação com homólogos estadunidense durante 2007-2013. Acordos de compartilhamento de informações bancárias foram assinados sem debate público, criando canais para vigilância de autoridades brasileiras. O FIU americano obteve acesso a bases incluindo movimentações de políticos, empresários e funcionários de estatais.

A Operação Satiagraha: Ensaio Geral (2008-2012)

A operação conduzida pelo juiz Fausto De Sanctis em São Paulo funcionou como ensaio geral para métodos posteriormente sistematizados na Lava Jato. Investigou suposto esquema de lavagem envolvendo Daniel Dantas e operadores ligados ao PT. De Sanctis aplicou experimentalmente técnicas dos seminários do Projeto Pontes: prisões prolongadas para obter delações, vazamentos estratégicos, espetacularização de operações e coordenação informal com procuradores estadunidenses.

A operação utilizou pela primeira vez no Brasil software de análise de fluxos financeiros fornecido pelo FBI, mapeando automaticamente conexões entre contas e identificando padrões "suspeitos". Vários operadores migraram para Curitiba, incluindo procuradores Carlos Fernando dos Santos Lima e Orlando Martello Junior, garantindo transferência de metodologias testadas.

A Satiagraha não alcançou resultados espetaculares, mas forneceu lições importantes sobre limites e potencialidades das técnicas. Demonstrou que público brasileiro estava receptivo a narrativas anticorrupção quando dramatizadas pela mídia, mas revelou resistências institucionais. Ministros como Gilmar Mendes questionaram métodos e concederam habeas corpus que frustraram estratégias investigativas.

A limitada repercussão midiática demonstrou importância de escolher alvos com maior apelo popular. Banqueiros e operadores financeiros não geravam indignação suficiente para sustentar operação de longo prazo. Seria necessário envolver políticos conhecidos e empresas com visibilidade pública. A experiência mostrou necessidade de coordenação mais sofisticada com grandes veículos de mídia.

Os aprendizados da Satiagraha influenciaram diretamente a preparação da Lava Jato. A escolha de Curitiba sobre São Paulo resultou da percepção de que TRF-4 seria mais receptivo a métodos experimentais. A decisão de focar na Petrobras, em vez de instituições financeiras, refletiu compreensão de que empresas públicas geravam maior indignação popular. A articulação com mídia nacional resultou da percepção de que operações de lawfare requeriam amplificação nacional para sustentar pressão política necessária.

A Confluência de Fatores: Preparação Completa

Ao final de 2013, todas as condições necessárias para aplicação de lawfare em grande escala estavam estabelecidas. O arcabouço jurídico havia sido preparado através de mudanças legislativas e precedentes judiciais. Operadores brasileiros foram treinados em metodologias estadunidenses através de programas de cooperação. A opinião pública foi condicionada através da cobertura do Mensalão a aceitar métodos excepcionais como necessários.

A descoberta do pré-sal elevou Brasil à categoria de alvo estratégico para política externa estadunidense, justificando dedicação de recursos extraordinários para operações de influência. A espionagem massiva mapeou vulnerabilidades que poderiam ser exploradas. A cooperação judicial criou canais para interferência direta em processos brasileiros.

Simultaneamente, resistências democráticas foram sistematicamente erodidas. O PT saiu enfraquecido do Mensalão.

Movimentos sociais conservadores se organizaram para futuras mobilizações. A grande mídia consolidou narrativa que legitimava exceções processuais. A operação Satiagraha testou experimentalmente metodologias que seriam expandidas.

A grande imprensa desempenhou papel fundamental na preparação. A cobertura do Mensalão estabeleceu template narrativo posteriormente replicado: construção de heróis e vilões, dramatização de processos, naturalização de exceções. O Jornal Nacional liderou essa transformação, convertendo noticiário jurídico em entretenimento dramático que moldava percepções públicas.

Paralelamente, revistas como Veja e Época especializaram-se em investigações que antecipavam desenvolvimentos judiciais, funcionando como laboratórios de narrativas posteriormente amplificadas. A estratégia incluiu blogues conservadores, sites de opinião e influenciadores digitais formando ecossistema alinhado que seria fundamental para viralização durante futuras operações.

O período testemunhou emergência de movimentos sociais conservadores que preparariam mobilizações para futuras crises. O movimento "Cansei", liderado por João Doria Jr. em 2007, testou capacidade de organização de setores médios urbanos contrários ao governo petista, estabelecendo precedente de como canalizar indignação moral para objetivos políticos específicos.

Organizações como Instituto Millenium, criado em 2005, articularam agenda neoliberal que combinava críticas à corrupção com propostas de liberalização econômica. A Igreja Católica conservadora também se organizou politicamente através de setores como Opus Dei e movimentos carismáticos, contribuindo para atmosfera moral que legitimaria futuras operações.

Quando a Lava Jato explodiu em março de 2014, não foi evento fortuito, mas culminação lógica de processo preparatório que durou quase uma década. Os "canhões midiáticos" estavam calibrados, os "protocolos de cooperação" estabelecidos e a "opinião pública" condicionada. A operação não inventou métodos do zero, mas sistematizou e expandiu técnicas testadas ao longo dos oito anos anteriores.

O Mensalão forneceu precedentes jurídicos, o Projeto Pontes treinou operadores, a espionagem da NSA mapeou vulnerabilidades, a Satiagraha testou metodologias. Nesse sentido, a Lava Jato representa não apenas operação judicial isolada, mas coroamento de estratégia geopolítica que visava reorientar trajetória política brasileira.

A compreensão desse processo preparatório é fundamental para analisar adequadamente desenvolvimentos subsequentes e construir defesas eficazes contra futuras aplicações de lawfare no Brasil e outros países do Sul Global. O lawfare revelou-se arma eficaz para alcançar objetivos que intervenções militares tradicionais não conseguiriam na era contemporânea.

Capítulo 6

Washington e o controle jurídico-midiático

A Evolução do Imperialismo na Era Digital

A ascensão do lawfare no século XXI representa transformação fundamental nos modos como potências hegemônicas exercem influência sobre nações soberanas. Em substituição às intervenções militares diretas, emergiu sofisticado arsenal de instrumentos "híbridos" que combinam ações judiciais aparentemente legítimas, campanhas midiáticas coordenadas e pressões diplomáticas sutis para alcançar objetivos geopolíticos específicos.

Esta evolução foi resposta estratégica às mudanças no sistema internacional pós-Guerra Fria. O colapso da União Soviética eliminou justificativa ideológica para intervenções abertas, enquanto a consolidação de normas internacionais de direitos humanos elevou custos reputacionais de ações militares unilaterais. Simultaneamente, a globalização criou novos vetores de influência através de sistemas financeiros interconectados, redes de comunicação transnacionais e regimes jurídicos harmonizados.

Os Estados Unidos, como potência hegemônica em declínio relativo, encontraram no lawfare instrumento particularmente adequado para suas necessidades estratégicas. O país dispõe de sistema jurídico globalizado através da extraterritorialidade de suas leis, domina redes de comunicação mundial e mantém extensa rede de parcerias com elites jurídicas locais formadas em universidades estadunidenses.

A América Latina tornou-se laboratório privilegiado para experimentação e refinamento dessas novas técnicas. Os casos de Honduras (2009), Paraguai (2012) e Brasil (2014-2018) revelam padrão consistente de aplicação de lawfare como substituto "limpo" para golpes militares tradicionais.

O Caso Hondurenho: Primeiro Ensaio do Golpe Jurídico-Midiático (2009)

Honduras no início dos anos 2000 apresentava características que a tornavam alvo propício para experimentos de lawfare. O país mantinha uma das distribuições de renda mais desiguais da América Latina, com aproximadamente 20% do PIB provindo de remessas de trabalhadores no exterior, criando dependência estrutural que amplificava vulnerabilidades a pressões externas.

Manuel Zelaya, eleito presidente em 2005 pelo Partido Liberal, inicialmente seguiu agenda conservadora tradicional. No entanto, a partir de 2007, sua administração adotou políticas que desafiavam ortodoxia neoliberal: aumento do salário-mínimo em 60%, programas sociais distributivos e, crucialmente, aproximação com Venezuela e adesão à ALBA.

A crise que culminou no golpe de 2009 teve origem na proposta de Zelaya de realizar consulta popular sobre convocação de assembleia constituinte. A proposta foi interpretada por oposição conservadora como tentativa de perpetuação no poder através da eliminação da cláusula que proibia reeleição presidencial, embora se tratasse tecnicamente apenas de sondagem sobre inclusão de referendum nas eleições de novembro.

A escalada acelerou-se quando Congresso Nacional e Forças Armadas recusaram-se a colaborar com a consulta. Zelaya demitiu comandante militar, mas Suprema Corte ordenou sua reintegração no dia seguinte, criando impasse constitucional. O presidente decidiu prosseguir, instruindo militantes a distribuir cédulas diretamente — decisão que forneceu pretexto legal para ação militar já articulada nos bastidores.

Na madrugada de 28 de junho de 2009, aproximadamente 200 militares encapuzados invadiram residência presidencial e sequestraram Zelaya. O presidente foi deportado para Costa Rica ainda vestindo pijamas, violando explicitamente Artigo 102 da Constituição hondurenha que estabelece: "Ningún hondureño podrá ser expatriado ni entregado a un Estado extranjero."

Simultaneamente, Congresso Nacional aprovou carta de renúncia supostamente assinada por Zelaya, legitimando posse de Roberto Micheletti como presidente interino. A coordenação entre poderes revelou planejamento cuidadoso: Suprema Corte havia emitido ordem de prisão secreta em 26 de junho, Congresso preparou documentação para sucessão, mídia local apoiou através de blackout informativo.

A reação internacional inicial foi de condenação generalizada, mas a posição dos Estados Unidos foi deliberadamente ambígua. Embora Obama e Hillary Clinton tenham criticado o golpe, ações práticas favoreceram consolidação do novo regime. Documentos posteriores revelaram que Departamento de Estado trabalhou ativamente para impedir restauração de Zelaya, coordenando com golpistas para apresentar remoção como "transição constitucional".

O golpe estabeleceu template para futuras operações: coordenação entre poderes Judiciário, Legislativo e militar; construção de narrativa de "legalidade constitucional"; apoio midiático doméstico; aquiescência estratégica de Washington disfarçada de neutralidade. As consequências foram devastadoras: Honduras registrou uma das maiores taxas de homicídio do mundo, repressão sistemática a movimentos sociais e êxodo migratório massivo.

O Precedente Paraguaio: Aperfeiçoamento da Técnica (2012)

O Paraguai oferecia contexto ainda mais favorável para experimentação de lawfare. Governado ininterruptamente pelo Partido Colorado durante 61 anos (1947-2008), a eleição de Fernando Lugo em 2008 representou primeira alternância de poder na história contemporânea paraguaia.

Lugo, ex-bispo católico ligado à Teologia da Libertação, construiu coalizão heterogênea defendendo reforma agrária, renegociação de contratos energéticos e políticas sociais distributivas que ameaçavam privilégios de oligarquia tradicional. Durante três anos implementou políticas que incomodaram elites: assistência social, apoio a cooperativas rurais, revisão de privatizações, aproximação com governos progressistas regionais.

O sistema político paraguaio, contudo, permanecia controlado por forças conservadoras que mantinham maioria no Congresso e dominavam Poder Judiciário. Essa configuração criava vulnerabilidade estrutural que seria explorada quando oportunidade surgisse.

Em 15 de junho de 2012, confronto entre camponeses sem-terra e forças policiais na propriedade Marina Kue, em Curuguaty, resultou em 17 mortos. O episódio, que investigações posteriores sugeriram ter sido provocado por franco-atiradores não identificados, forneceu pretexto para destituição de Lugo.

A propriedade havia sido objeto de disputa judicial prolongada, com camponeses alegando que se tratava de terra pública ilegalmente apropriada durante ditadura de Stroessner. O confronto foi utilizado pela oposição para acusar Lugo de "instigar violência". Mídia paraguaia, controlada por grupos conservadores, amplificou narrativa que responsabilizava presidente pela tragédia.

Em 21 de junho de 2012, Câmara dos Deputados aprovou abertura de impeachment por 76 votos a 1. A acusação baseava-se em pontos vagos incluindo "mau desempenho de funções". O processo tramitou com velocidade inédita: Lugo recebeu menos de 24 horas para preparar defesa e apenas duas horas para apresentá-la. Em 22 de junho, 39 senadores de 45 votaram pela destituição, completando impeachment em menos de 36 horas.

A aceleração foi justificada como necessária para "restaurar governabilidade", mas impediu organização de defesa adequada e mobilização de apoiadores. Vice-presidente Federico Franco, que havia rompido com Lugo, assumiu para completar mandato até 2013.

Diferentemente de Honduras, o impeachment paraguaio provocou reação regional mais contundente. Brasil, Argentina, Venezuela e outros países do Mercosul recusaram-se a reconhecer legitimidade do novo governo, suspendendo Paraguai do bloco. Unasul classificou como "ruptura democrática" e implementou sanções diplomáticas.

Estados Unidos mantiveram posição mais neutra, reconhecendo governo Franco e evitando condenações explícitas. Essa diferença refletiu cálculo de que regime change paraguaio era menos controverso devido à manutenção de aparências constitucionais.

O governo Franco implementou rapidamente agenda neoliberal bloqueada durante administração Lugo: redução de políticas sociais, aceleração de privatizações, acordos favoráveis a multinacionais. Nas eleições de 2013, Partido Colorado retornou com Horacio Cartes, empresário comprometido com modelo concentrador e alinhamento com Estados Unidos.

O caso paraguaio refinou técnica iniciada em Honduras, demonstrando que "golpes constitucionais" eram mais eficazes quando executados rapidamente, sem tempo para organização de resistências. O modelo mostrou importância de coordenação entre Executivo dissidente e maiorias parlamentares conservadoras, permitindo manutenção de aparências constitucionais mais convincentes.

A Americanização do Sistema Penal Brasileiro: Instrumentos de Penetração

O Projeto Pontes, lançado em 2007 como programa de cooperação jurídica bilateral, representou instrumento sofisticado de penetração cultural e ideológica no sistema judicial brasileiro. Diferentemente de intervenções diretas, operava através de "soft power", oferecendo capacitação técnica que gradualmente moldava mentalidades e práticas de operadores jurídicos locais.

Documentos diplomáticos do WikiLeaks revelaram objetivos estratégicos que transcendiam cooperação técnica. Telegrama de outubro de 2009 celebrava "sucesso" da primeira conferência no Rio, destacando que magistrados brasileiros não apenas "aceitaram" metodologias estadunidenses, mas "solicitaram mais treinamentos específicos em contraterrorismo e forças-tarefa financeiras".

O programa foi estruturado dentro do OPDAT, departamento do DoJ responsável por "capacitação" de sistemas judiciais estrangeiros em países estratégicos. Entre 2007 e 2015, canalizou mais de US$ 3,2 milhões para atividades no Brasil. A escolha como alvo prioritário não foi casual: país emergia como potência regional com crescente autonomia diplomática, recursos energéticos estratégicos e sistema jurídico sofisticado que poderia servir como modelo regional.

A estratégia baseava-se em construção gradual de redes pessoais entre operadores estadunidenses e brasileiros. Seminários intensivos criavam ambiente de convivência informal facilitando construção de confiança e identificação ideológica. Entre 2007 e 2015, mais de 400 magistrados, procuradores e delegados participaram de atividades do programa.

Participantes eram selecionados entre profissionais jovens e ambiciosos, com potencial de ascensão hierárquica. Critério privilegiava operadores de estados economicamente importantes e regiões com empresas estatais ou recursos naturais estratégicos. Sérgio Moro participou de três seminários entre 2007 e 2012, emergindo como "interface nativa" para adaptação de metodologias estadunidenses.

O currículo focalizava colaboração premiada (plea bargaining) e modelo de força-tarefa integrada. Ambos eram apresentados como "ferramentas modernas" necessárias para "crimes complexos" que sistemas tradicionais não conseguiam processar. A delação premiada foi apresentada como evolução natural do direito penal, com instrutores ensinando técnicas de coerção psicológica: isolamento prolongado, prisões preventivas estratégicas, criação de "dilemas do prisioneiro".

Particularmente importante foi doutrinação sobre "gestão midiática". Karine Moreno-Taxman foi explícita: "Para condenar alguém por corrupção, o povo deve odiá-lo; a sociedade deve exigir sua condenação." A frase sintetizava filosofia que instrumentalizava opinião pública como ferramenta processual, invertendo lógica tradicional do direito penal.

Para consolidar influência, Washington criou em 2009 posto de Legal Attaché na embaixada estadunidense em Brasília, ocupado por Moreno-Taxman. O cargo dispensava acordos formais para circulação de provas e informações bancárias. Paralelamente, Procuradoria-Geral regulamentou "força-tarefa permanente", amarrando MPF, PF e Receita Federal "sob mesmo teto" — arquitetura que reproduzia task force model exportado pelo FBI.

A Visão Externa: Críticas Internacionais e Organismos Multilaterais

Diferentemente da narrativa doméstica que exaltava Lava Jato como modelo de combate à corrupção, mídia internacional manteve postura predominantemente crítica desde estágios iniciais. Veículos europeus levantaram sérias dúvidas sobre metodologias empregadas e motivações políticas subjacentes.

Le Monde publicou em abril de 2021 reportagem intitulada "No Brasil, o naufrágio da operação anticorrupção Lava Jato", descrevendo operação como "navio naufragado" cujo legado foi transformar-se no "maior escândalo jurídico da história do país". The Guardian noticiou que vazamentos da "Vaza Jato" lançaram "dúvidas sérias sobre imparcialidade" de Moro, destacando conversas que mostravam juiz "orientando procuradores".

Mesmo nos Estados Unidos, vozes críticas emergiram na imprensa independente. The New York Times publicou artigo qualificando Lava Jato como "maior escândalo judicial da história do Brasil", apontando que Moro "condenara Lula por acusações frágeis" e "auxiliou a montar acusação", violando "princípio básico de que não se pode ser juiz e acusador ao mesmo tempo".

The Washington Post publicou reportagens questionando sustentabilidade de operação baseada em "métodos controversos" e "violações de devido processo", sugerindo que lawfare brasileiro poderia criar precedentes perigosos para democracia regional.

The Intercept Brasil desempenhou papel crucial na exposição de irregularidades através da "Vaza Jato", confirmando suspeitas internacionais sobre natureza política da operação.

Organizações multilaterais expressaram crescente preocupação. O Comitê de Direitos Humanos da ONU emitiu em dezembro de 2018 recomendação contundente determinando que Brasil assegurasse direitos políticos de Lula enquanto recursos não se esgotassem. A recomendação tinha caráter liminar e deveria ser cumprida imediatamente, mas autoridades brasileiras a ignoraram completamente.

Relatores especiais da ONU sobre independência de juízes, liberdade de expressão, reunião pacífica, defensores de direitos humanos e extrema pobreza emitiram carta conjunta alertando para "violações de direitos humanos" na condução da operação. A Comissão Interamericana de Direitos Humanos solicitou informações sobre "possíveis violações" de garantias processuais, identificando posteriormente "preocupações sistêmicas" com independência judicial.

Academia internacional também produziu literatura crítica. Harvard Law School publicou análise descrevendo Lava Jato como "exemplo de como combate à corrupção pode ser instrumentalizado para fins políticos", sugerindo que operação criara "precedentes autoritários" ameaçando Estado de Direito. London School of Economics produziu relatório identificando Brasil como caso paradigmático de como "guerras judiciais" poderiam substituir competição democrática normal.

O contraste entre percepção internacional e narrativa doméstica foi marcante durante pico da operação (2014-2018). Enquanto mídia brasileira celebrava como "cruzada heróica", observadores externos identificavam violações sistemáticas de garantias democráticas básicas. Essa dissonância refletia diferenças culturais e jurídicas, mas críticas internacionais focalizavam aplicação distorcida de institutos em contexto político específico.

A Teleconferência Biden: Institucionalização do War on Corruption (2021)

Em teleconferência de 3 de junho de 2021, altos funcionários do governo Biden admitiram pela primeira vez envolvimento direto da "comunidade de inteligência" no que denominaram "War on Corruption". A declaração explícita representou institucionalização de práticas que anteriormente operavam através de canais informais.

A teleconferência incluiu representantes da CIA, NSA, FBI, Departamento de Estado e USAID, demonstrando coordenação interagencial que transformava combate à corrupção em prioridade de segurança nacional. Participantes discutiram planos para "turbinar ONGs investigativas pelo mundo" e expandir programas de capacitação judicial.

A admissão oficial marcou mudança estratégica significativa. Administrações anteriores mantinham ficção de que cooperação judicial era puramente técnica, sem componentes de inteligência. Governo Biden optou por transparência parcial que reconhecia natureza híbrida de operações de lawfare.

A teleconferência revelou planos para exportação de modelo testado no Brasil para outros países considerados estratégicos: México, Colômbia, Peru, Argentina, África do Sul, Ucrânia e Filipinas. Cada país receberia programa customizado de acordo com características específicas: sistema jurídico, cultura política, vulnerabilidades econômicas e configuração de elites.

USAID recebeu orçamento adicional de US$ 290 milhões para expandir programas de "fortalecimento institucional" que funcionariam como fachada para atividades de lawfare. Recursos seriam canalizados através de ONGs intermediárias para evitar aparência de interferência estatal direta. A estratégia incluía criação de "centros de excelência" vinculados a universidades estadunidenses oferecendo bolsas para jovens profissionais de países-alvo.

Documentos revelaram "lições aprendidas" do caso brasileiro que influenciariam futuras operações. Principal conclusão foi necessidade de "sustentabilidade política" para evitar reversões como as ocorridas após 2019. Estrategistas identificaram "vulnerabilidade comunicacional" como principal fraqueza — vazamentos como os da Vaza Jato eram "risco sistêmico" que precisava ser mitigado através de melhor compartimentalização.

Segunda lição referia-se à importância de "diversificação de alvos" para evitar aparência de perseguição seletiva. Futuras operações deveriam incluir políticos de diferentes partidos, criando "ilusão de imparcialidade" mais convincente. Terceira adaptação envolvia "integração midiática aprimorada": em vez de parcerias explícitas com veículos específicos, futuras operações utilizariam redes mais difusas de influenciadores digitais, mais difíceis de identificar e neutralizar.

A Dimensão Tecnológica: Vigilância Digital e Guerra de Informação

A aplicação contemporânea de lawfare integra capacidades de vigilância eletrônica e guerra de informação desenvolvidas para contextos militares. NSA, CIA e outras agências fornecem suporte técnico que amplifica dramaticamente eficácia de operações judiciais.

Documentos de Snowden revelaram que sistemas de interceptação eletrônica são rotineiramente utilizados para mapear comunicações de alvos de lawfare. Programas como XKEYSCORE permitem busca retroativa em bancos de dados massivos de comunicações interceptadas, identificando vulnerabilidades pessoais, financeiras e políticas que podem ser exploradas durante investigações.

Informações obtidas através de espionagem são "sanitizadas" através de "construção paralela", criando fontes aparentemente independentes. Algoritmos de inteligência artificial processam milhões de transações financeiras, comunicações eletrônicas e registros públicos para identificar padrões interpretáveis como evidência de corrupção, com critérios calibrados para maximizar probabilidade de incriminação de alvos específicos.

Operações integram sofisticadas campanhas de manipulação em redes sociais moldando percepção pública sobre investigações. Técnicas incluem criação de conteúdo viral, amplificação algorítmica e supressão de narrativas contrárias. Facebook, Twitter, YouTube e outras plataformas colaboram através de programas que permitem manipulação direcionada de algoritmos.

Bots automatizados criam ilusão de apoio popular espontâneo. Redes de contas falsas geram hashtags trending, compartilham conteúdo estratégico e atacam críticos através de campanhas coordenadas de assédio digital. A sofisticação torna difícil distinguir entre apoio genuíno e manipulação artificial.

Além da manipulação direta de plataformas, operações empregam técnicas de "guerra cognitiva" que visam moldar percepções através de bombardeio informacional coordenado. Narrativas são construídas através de repetição sistemática que cria associações automáticas. Técnicas incluem ancoragem (associar alvos com conceitos negativos), confirmação (fornecer evidências aparentes para preconceitos existentes) e polarização (dividir debate em campos irreconciliáveis).

Resistências e Alternativas Emergentes

Crescente consciência sobre riscos do lawfare estimula desenvolvimento de mecanismos de resistência e alternativas institucionais. Países do Sul Global começam a coordenar esforços para limitar penetração de operações híbridas.

BRICS desenvolve sistemas alternativos de cooperação jurídica que reduzem dependência de mecanismos controlados por potências ocidentais. New Development Bank e Contingent Reserve Arrangement criam instrumentos financeiros que contornam sistemas dominados por Estados Unidos. Organização de Cooperação de Xangai estabelece protocolos de proteção que incluem compartilhamento de inteligência sobre operações suspeitas e coordenação de respostas diplomáticas.

Academia jurídica internacional produz literatura crescente sobre "direito de resistência" a operações de lawfare, fornecendo base teórica para contestação de metodologias abusivas. Organizações de direitos humanos desenvolvem protocolos de monitoramento criando "sistema de alerta precoce" que pode mobilizar pressão diplomática contra abusos.

O lawfare continuará evoluindo como instrumento de política internacional, mas enfrentará resistências crescentes que forçarão adaptações estratégicas. Exposição de operações como a Lava Jato brasileira elevou consciência sobre riscos e criou demanda por proteções mais robustas.

Futuras operações serão mais sofisticadas em compartimentalização, diversificação de alvos e integração de narrativas. Tecnologias de inteligência artificial permitirão manipulação mais sutil de percepções públicas. No entanto, própria sofisticação pode gerar vulnerabilidades — operações complexas criam mais pontos de falha e requerem coordenação entre múltiplos atores com interesses potencialmente divergentes.

Resistências organizadas, especialmente quando combinam consciência política com sofisticação técnica, podem reverter resultados de operações aparentemente bem-sucedidas. Experiência brasileira demonstra que lawfare não consegue eliminar permanentemente oposições políticas organizadas, quando estas mantêm capacidade de mobilização social e articulação internacional.

O maior desafio posto pelo lawfare é sua capacidade de corroer instituições democráticas através de mecanismos que aparecem como fortalecimento do Estado de Direito. Essa característica paradoxal torna particularmente difícil desenvolver defesas eficazes. Sistemas democráticos dependem de confiança nas instituições jurídicas, mas lawfare explora essa confiança para objetivos políticos específicos.

Preservação da democracia requer desenvolvimento de "imunidade institucional" contra lawfare que mantenha capacidade de combater corrupção genuína sem permitir instrumentalização política. Resistência eficaz requer compreensão sofisticada de mecanismos do lawfare e coordenação entre múltiplos atores sociais.

Educação política da população é fundamental para criar resistência a manipulações midiáticas que sustentam operações de lawfare. Alfabetização digital e pensamento crítico são ferramentas essenciais para democracia contemporânea. Fortalecimento de instituições democráticas requer reformas que reduzam vulnerabilidades a pressões externas sem eliminar capacidade de cooperação internacional legítima.

Solidariedade internacional entre movimentos democráticos pode criar rede de proteção contra operações que transcende fronteiras nacionais. Experiência brasileira demonstra importância de apoio internacional para sustentação de resistências domésticas. A luta contra o lawfare é luta pela autodeterminação democrática contra formas contemporâneas de imperialismo.

Sucesso dessa luta determinará se século XXI será caracterizado por multipolaridade democrática ou hegemonia autoritária disfarçada de Estado de Direito. A experiência brasileira oferece lições valiosas, demonstrando que resistência organizada pode reverter mesmo operações aparentemente vitoriosas, quando se baseia em organização popular, solidariedade internacional e compromisso inabalável com a verdade.

Capítulo 7

A guerra contra as universidades (2014-2019)

Sistematização dos Setores Atacados

Como buscamos demonstrar, a Operação Lava Jato resultou de uma iniciativa exógena, uma operação de lawfare que visava desestabilizar os governos progressistas no Brasil para que o poder voltasse a mãos alinhadas com os interesses imperiais. Concomitantemente, esta operação visou destruir nossa legislação soberana sobre óleo e gás, de forma a cedermos nossas reservas naturais de petróleo a empresas estrangeiras.

Para além destes objetivos centrais, a Lava Jato minou nossas empresas que competiam no mercado internacional com organizações estadunidenses, notadamente empresas do setor de óleo e gás, de engenharia pesada, indústria naval e estaleiros. Empresas estatais (especialmente a Petrobras) e suas empreiteiras também foram atacadas, causando forte impacto político e econômico ao Brasil.

Mas o ataque às universidades era fulcral para que nossa pesquisa e, por conseguinte, nosso desenvolvimento futuro ficassem comprometidos. Entre os setores estratégicos enfraquecidos pelo uso do lawfare, além da indústria do petróleo (pré-sal) e das grandes construtoras nacionais, foi crucial o ataque contra as universidades públicas, num esforço para desmoralizar a educação superior e a pesquisa científica brasileiras.

Os setores estratégicos atacados pela Operação Lava Jato entre 2014 e 2019 incluíram:

Petróleo e Gás: Petrobras (empresa âncora do setor energético nacional), pré-sal brasileiro (mudança na Lei da Partilha, exclusão da Petrobras como operadora), setor de fornecedores da cadeia de óleo e gás, refinarias e infraestrutura de produção energética. Multinacionais beneficiadas: Shell, Total, ExxonMobil.

Engenharia Pesada e Construção Civil: Odebrecht (posteriormente rebatizada como Novonor), Andrade Gutierrez, Camargo Corrêa, OAS, Queiroz Galvão, UTC Engenharia, Construtora Engevix, BNDES (interrupção de apoio e financiamento), projetos de infraestrutura nacional.

Indústria Naval: Sete Brasil (empresa estratégica de sondas para o pré-sal), Estaleiro Enseada (BA), Estaleiro Jurong Aracruz (ES), Estaleiro Rio Grande/Ecovix (RS), plataformas e navios construídos no Brasil, cadeia de fornecedores e metalurgia naval.

Agronegócio — Proteína Animal: JBS, BRF (Brasil Foods), pequenos e médios frigoríficos, setores de pecuária, processamento e exportação de carnes, mercado internacional da carne brasileira, Operação Carne Fraca (2017).

Universidades Públicas e Ciência: Universidade Federal de Santa Catarina (UFSC), caso do reitor Cancellier, Universidade Federal de Minas Gerais (UFMG), caso da operação Esperança Equilibrista, universidades federais em geral, CNPq e Capes (cortes de bolsas e programas), Programa Ciência sem Fronteiras (extinto), sistema de pós-graduação e pesquisa científica no Brasil, autonomia universitária.

As Operações Contra o Ensino Superior

As investidas contra as universidades tiveram início em 2016, no pós-impeachment, com maior protagonismo de setores de extrema-direita. Paralelamente às operações policiais, estes setores propagaram uma campanha difamatória acusando universidades e seus membros de todo tipo de "despropósito", retratando campi como lugares de doutrinação ideológica, consumo de drogas, orgias e improdutividade, um discurso promovido por ideólogos olavistas e outros apoiadores do governo da época.

O primeiro grande caso ocorreu no final de 2016. Em 13 de dezembro daquele ano, a Polícia Federal deflagrou a Operação PhD na Universidade Federal do Rio Grande do Sul (UFRGS). A investigação apurava supostos desvios de recursos em programas federais de incentivo à pesquisa. Professores e servidores teriam incluído bolsistas "fantasmas", pessoas sem vínculo com a universidade, para receber bolsas acadêmicas indevidamente.

A PF indicou que a fraude alcançava cerca de R$ 5,8 milhões, com pagamentos de bolsas de até R$ 6,2 mil a beneficiários irregulares. Entre os indiciados estava até um ex-vice-reitor da UFRGS. Essa operação pioneira sinalizou uma nova frente da Lava Jato, levando a comunidade acadêmica a ligar o alerta.

No início de 2017, a ofensiva se expandiu. Em 15 de fevereiro, a PF cumpriu dezenas de mandados na Operação Research, centrada na Universidade Federal do Paraná (UFPR). O objetivo era desarticular um esquema de desvio de verbas de bolsas acadêmicas da pós-graduação. A quadrilha teria desviado aproximadamente R$ 7,3 milhões, contemplando pelo menos 27 "bolsistas" ilegais. A PF solicitou 29 prisões temporárias e conduções coercitivas de servidores suspeitos.

Em 2017, a UFSC foi alvo de duas operações de grande impacto. A primeira, Operação Ouvidos Moucos, deflagrada em 14 de setembro, investigou irregularidades na gestão de cursos de ensino a distância na UFSC. A suspeita era de desvios estimados em R$ 80 milhões, envolvendo repasses de bolsas e recursos do programa Universidade Aberta do Brasil.

Durante a operação, a PF prendeu preventivamente o reitor Luiz Carlos Cancellier, acusando-o de obstrução da justiça por supostamente dificultar investigações internas sobre o caso. Cancellier foi solto no dia seguinte, porém proibido judicialmente de retornar à universidade ou contatar funcionários. A humilhação pública teve um desfecho trágico: em 2 de outubro de 2017, o reitor cometeu suicídio.

Ainda em 2017, outras universidades também entraram na mira policial. Em 22 de novembro, foi a vez da Operação Estirpe, que apurava suposto superfaturamento e fraude em contratos no âmbito da Universidade Federal do Triângulo Mineiro (UFTM). Em 27 de novembro, a Operação Acrônimo teve como alvo a Universidade Federal de Juiz de Fora (UFJF), investigando um ex-reitor por suposto recebimento de propina numa contratação.

No final de 2017, a UFSC enfrentou uma segunda operação policial no mesmo ano. Em 7 de dezembro, a PF deflagrou a Operação Torre de Marfim, mirando desvios em projetos de pesquisa na universidade. A investigação se debruçava sobre convênios e contratos de pesquisa firmados entre a UFSC e fundações de apoio, entre 2010 e 2017, que somavam cerca de R$ 300 milhões em recursos federais.

Também no início de dezembro de 2017, ocorreu talvez a mais controversa das operações daquele ano no meio acadêmico. No dia 6, a Polícia Federal surpreendeu a comunidade da Universidade Federal de Minas Gerais (UFMG) ao deflagrar a Operação Esperança Equilibrista. O alvo era um projeto de grande relevância simbólica: a construção do Memorial da Anistia Política do Brasil, um museu em Belo Horizonte destinado a preservar a memória das vítimas da ditadura militar.

Em uma ação que causou espanto, agentes conduziram coercitivamente para depor o reitor da UFMG, Jaime Arturo Ramirez, a vice-reitora Sandra Goulart e outros professores envolvidos no projeto. A operação gerou imediata indignação na academia e fora dela. Entidades como a OAB-MG e diversas figuras públicas repudiaram a ação. Até mesmo dois ex-presidentes da República de espectros opostos, Fernando Henrique Cardoso e Dilma Rousseff, manifestaram solidariedade à UFMG.

No ano seguinte, as investidas policiais continuaram. Em 13 de março de 2018, a atenção se voltou ao Paraná, onde a PF deflagrou a Operação 14 Bis na Universidade Tecnológica Federal do Paraná (UTFPR), campus de Cornélio Procópio. Esta ação mirou uma organização criminosa que atuaria em fraudes de licitações e contratos de manutenção e serviços na universidade.

A investigação revelou casos como o de um servidor que contratou, sem licitação, a própria empresa para prestar serviços ao campus, em um negócio de R$ 20 milhões. A Operação 14 Bis mobilizou a PF, a CGU e a Receita Federal, cumprindo 20 mandados de prisão temporária e 22 de busca e apreensão.

No início de 2019, já sob um novo governo, ocorreu a última grande operação desse ciclo contra universidades federais. Em 21 de março de 2019, a PF lançou a Operação Alforje, mais uma vez envolvendo a Universidade Federal do Rio Grande do Sul (UFRGS). A Alforje investigou desvios de recursos em um convênio entre a UFRGS e a Fundação de Apoio da UFRGS (Faurgs), que repassou R$ 11,4 milhões da universidade à fundação para projetos de engenharia e arquitetura.

O Padrão das Operações

Entre 2016 e 2019 foram pelo menos nove operações policiais de grande porte que atingiram instituições federais de ensino superior, sem contar diversas ações menores e auditorias extraordinárias. Do Sul (UFRGS, UFSC) ao Sudeste (UFMG, UFJF), as universidades foram vasculhadas como nunca.

Em todas essas operações, verificou-se um padrão comum: acusavam-se desvios de verba, fraudes administrativas ou má gestão, porém raramente se apontou enriquecimento pessoal de reitores ou professores. Eram, em essência, questões administrativas convertidas em casos de polícia e em espetáculos midiáticos. Conduções coercitivas exageradas, prisões temporárias de gestores acadêmicos e vazamentos para a imprensa atendiam não à gravidade das denúncias, mas à vontade de comprometer a imagem das universidades antes mesmo de qualquer julgamento.

Em alguns episódios, anos depois, ficou comprovado que a tempestade acusatória não se sustentava: em 2023 o Tribunal de Contas da União arquivou definitivamente o processo sobre a UFSC, não encontrando ilícitos nas contas que motivaram a Operação Ouvidos Moucos. Porém, o dano já estava feito, não apenas a perda irreparável do reitor Cancellier, mas a desconfiança semeada contra a gestão universitária em geral.

O Desmonte da Pesquisa e da Ciência

Esse conjunto de ações fez parte de uma estratégia mais ampla de desmonte da educação e da ciência públicas no Brasil. Sob o manto do combate à corrupção, promoveu-se uma "guerra ideológica" contra as universidades, acusando-as de serem redutos de balbúrdia, esquerdismo e desperdício de dinheiro.

Tal narrativa serviu de álibi para severos cortes orçamentários e propostas de restrição à autonomia universitária no período. Enquanto isso, pesquisas foram paralisadas, projetos científicos ficaram sob suspeita e a reputação internacional de nossas instituições foi arranhada.

Ex-reitores e entidades acadêmicas denunciam uma perseguição sistemática: conduções coercitivas e intervenções indevidas tornaram-se frequentes entre 2016 e 2019, causando sofrimento pessoal e clima de medo nas reitorias. Para muitos, essas táticas tiveram como verdadeiro objetivo "desmoralizar o sistema público de ensino superior no Brasil", enfraquecendo um setor vital para o desenvolvimento autônomo do país.

O ataque sistemático às universidades públicas brasileiras entre 2014 e 2019 não foi mero acaso ou consequência natural do "combate à corrupção". Foi parte coordenada de uma estratégia mais ampla que visava enfraquecer pilares fundamentais da soberania nacional: o conhecimento, a pesquisa científica e a formação de quadros técnicos qualificados.

Ao criminalizar a gestão universitária, espetacularizar operações policiais em campi e disseminar narrativas de "doutrinação ideológica", o sistema de lawfare conseguiu dois objetivos simultâneos: desmoralizar publicamente as instituições de ensino superior e criar um ambiente de terror psicológico que inibiu a autonomia acadêmica e a liberdade de pesquisa.

Capítulo 8

O legado de Cancellier

A Verdade Tardia: O Arquivamento do TCU

A tragédia de Luiz Carlos Cancellier deixou um legado paradoxal: sua vida interrompida serviu para iluminar problemas sérios nas esferas policial, jurídica e midiática do Brasil. O caso suscitou importantes discussões sobre equilíbrio entre combate à corrupção e respeito a direitos fundamentais, sobre a responsabilidade da imprensa e sobre a proteção da dignidade humana.

A morte de Cancellier provocou uma onda de reflexões e manifestações que ecoaram na academia, na política e na sociedade em geral. Na comunidade acadêmica, o caso foi sentido quase como um ataque à própria autonomia universitária. Reitores e professores de diversas instituições federais se uniram em solidariedade, divulgando notas públicas e cartas abertas pedindo justiça e defesa da autonomia.

A Associação Nacional dos Dirigentes das Instituições Federais de Ensino Superior (Andifes) cobrou investigação rigorosa dos abusos cometidos. Em Santa Catarina, os colegas de Cancellier, muitos outrora concorrentes ou críticos, se uniram pela condenação ao tratamento dispensado a ele.

Cinco anos depois, em 2022, ex-reitores de universidades federais lançaram um manifesto conjunto pedindo "justiça e reparação" pela memória de Luiz Carlos Cancellier. Na UFSC, sua figura foi oficialmente reabilitada: eventos em sua homenagem são realizados anualmente, uma sala no prédio da Reitoria leva seu nome, e sua trajetória virou tema de estudos e obras.

Politicamente, vozes de diferentes espectros apontaram lições a serem aprendidas. Parlamentares de oposição na época denunciaram o episódio como fruto de um Estado policialesco e de um Judiciário "justiceiro". Já em 2017, a então presidente do STF, ministra Cármen Lúcia, comentando genericamente, ressaltou que "execuções antecipadas de pena" sem trânsito em julgado não podem ser admitidas.

Mais recentemente, com a mudança de governo, o Presidente Luiz Inácio Lula da Silva citou publicamente o caso Cancellier como exemplo de injustiça. Em evento de 2023, Lula declarou com indignação: "Faz cinco anos que esse homem se matou pela pressão de uma polícia ignorante, de um promotor ignorante, de pessoas insensatas que o condenaram sem provas".

A sociedade brasileira, de modo geral, recebeu o caso Cancellier com uma mistura de tristeza e alerta. Setores que aplaudiam operações anticorrupção passaram a questionar os limites do "vale-tudo" contra suspeitos. O suicídio do reitor gerou debates em universidades, redes sociais e associações profissionais sobre saúde mental de gestores sob pressão e sobre as garantias individuais diante do clamor punitivo.

O caso também levou a imprensa e órgãos de classe a uma autocrítica. O Observatório da Imprensa e a Fenaj (Federação Nacional dos Jornalistas) destacaram a necessidade de checar versões oficiais antes de difundi-las, no caso de Cancellier, constatou-se que parte da mídia o rotulou como corrupto sem prova, contribuindo para seu linchamento moral.

No meio jurídico, o episódio se tornou referência em seminários e aulas sobre abusos de autoridade. Em 2019, foi aprovada a Lei de Abuso de Autoridade (Lei 13.869/2019) e muitos citaram, entre as justificativas informais, casos como o do reitor da UFSC, para coibir exageros de delegados, promotores e juízes.

Érika Marena e a Impunidade

Érika Mialik Marena, que esteve à frente da Operação Ouvidos Moucos, tornou-se personagem controverso dessa história. Após o desfecho trágico, passou a ser duramente criticada, especialmente pela comunidade acadêmica, que a viu como a principal responsável pela morte do reitor.

A pressão foi tamanha que a própria Polícia Federal abriu uma sindicância interna para apurar possíveis "abusos e excessos" na Ouvidos Moucos. Paralelamente, a família Cancellier protocolou no Ministério da Justiça uma representação formal pedindo a responsabilização administrativa, civil e criminal da delegada pelos abusos de poder cometidos.

Um dos pontos mais graves envolve a acusação de que Marena teria forjado depoimentos no inquérito. Em 26 de abril de 2023, durante audiência na 1ª Vara Federal de Florianópolis, uma testemunha chamada Simone Machado Moretto Cesconetto revelou algo estarrecedor: o depoimento que consta nos autos com sua assinatura não correspondia ao que ela de fato disse à delegada.

A testemunha contou ao juiz que, quando foi depor na PF, ficou sozinha na sala com Érika Marena, sem presença de escrivão ou advogado. A delegada teria ela mesma datilografado o depoimento e apresentado para Simone assinar, sem permitir uma leitura detida. No papel, porém, Marena fez constar a assinatura de um escrivão federal, como se ele tivesse colhido as declarações, o que não aconteceu.

Em juízo, a testemunha negou com veemência ter dito aquilo. "Não foi isso o que eu disse", afirmou, esclarecendo que na verdade negara à delegada ter emprestado conta ou participado de qualquer esquema. A descrição é chocante: Marena teria colocado na boca da testemunha exatamente o oposto do que ela declarou.

Nas mensagens vazadas da Lava Jato (a série conhecida como "Vaza Jato"), há um diálogo de janeiro de 2016 em que os próprios procuradores criticam a delegada por lavrar um termo de depoimento sem ter ouvido o depoente. Em conversa por Telegram, Deltan Dallagnol e Orlando Martello comentam perplexos que Érika "lavrou termo... como se tivesse ouvido o cara, com escrivão e tudo, quando não ouviu nada... dá no mínimo uma falsidade".

Marena nega irregularidades, e a sindicância da PF concluiu pela regularidade da operação Ouvidos Moucos. No entanto, para muitos, sua reputação ficou irremediavelmente marcada. Ela foi "promovida" rapidamente após o caso, transferida no fim de 2017 para ser superintendente da PF em Sergipe, movimento visto como tentativa de tirá-la do foco do escândalo.

Lições de Uma Tragédia Evitável

A morte trágica de Luiz Carlos Cancellier de Olivo não foi interpretada apenas como um ato de desespero pessoal, mas como um potente grito de protesto. "Foi um ato político", avaliou um professor de Direito durante as homenagens póstumas, "um gesto de contestação, um basta a tudo isso".

Cancellier não suportou a humilhação e a desesperança; porém, ao tirar a própria vida, ele escancarou para o país os erros brutais de um sistema de justiça em desequilíbrio. Seu irmão Acioli, apesar da dor imensa, declarou tempos depois sentir orgulho pelo gesto corajoso de Cau: "Ele demonstrou que preferia morrer a viver sem honra, depois de ter sua dignidade destruída".

A repercussão transcendeu os muros da universidade. Juristas renomados, intelectuais, jornalistas e até políticos que antes silenciavam diante dos métodos da Lava Jato ergueram a voz para criticar o ocorrido. Entidades científicas e associações de reitores publicaram notas duras contra a "espetacularização da justiça" e a "criminalização da gestão pública" que vitimaram Cancellier.

Pela primeira vez, comparou-se abertamente os métodos de certas operações a um Estado de Exceção, em que garantias individuais são suprimidas em nome de um suposto bem maior. A figura de Cancellier, um homem honrado destruído por acusações infundadas, tornou-se símbolo e alerta.

O ministro do Supremo Tribunal Federal, Gilmar Mendes, citou a morte de Cancellier ao criticar os excessos investigativos, usando-a como exemplo dos perigos de se violar direitos básicos. Para muitos brasileiros, aquele outubro de 2017 marcou o instante em que o lavajatismo revelou sua face sombria.

Por Uma Justiça Sem Arbítrio

Dentro da UFSC, passados alguns anos, busca-se virar a página, mas sem esquecer as lições. Em julho de 2023, ao comentar o arquivamento do caso pelo TCU, o então reitor da UFSC, Irineu Manoel de Souza, afirmou que "o professor Cancellier foi uma vítima; a prisão dele foi um ato arbitrário", classificando os eventos de 2017 como absurdos e sem amparo em provas.

Essa declaração oficial da instituição representou não apenas um desagravo à memória de Cancellier, mas também um posicionamento firme em defesa dos valores do devido processo legal e da autonomia universitária.

Na UFSC, a ferida permanece aberta, mas não sem ensinamentos. Luiz Carlos Cancellier de Olivo teve sua inocência comprovada, ainda que tarde demais. Contudo, seu legado se faz presente de outra forma. "Que não haja novos casos Cancellier", pregam hoje professores e jornalistas, exigindo que prisões e acusações sejam feitas com responsabilidade, rigor factual e respeito ao contraditório.

A morte de Cancellier acendeu debates internos na Polícia Federal, no Judiciário e na imprensa sobre os limites éticos da atuação. O caso é estudado em cursos de jornalismo como um exemplo do perigo do "espírito de manada" e do pré-julgamento midiático. Na área do Direito, tornou-se emblemático na discussão sobre abuso de autoridade e garantias individuais.

Em retrospecto, os ataques da era Lava Jato às universidades deixaram lições importantes. Primeiro, evidenciaram a necessidade de combater corrupção com respeito às garantias legais, o fim não justifica meios arbitrários que violem direitos básicos. Segundo, mostraram como narrativas de ódio à intelectualidade podem ganhar força política e justificar medidas extremas contra centros de saber. E terceiro, comprovaram que sem universidades fortes não há progresso nacional: ao miná-las, o Brasil arrisca comprometer seu futuro em ciência, tecnologia e educação.

Ouvidos que não devem mais ser moucos

A história de Luiz Carlos Cancellier de Olivo é a história de um país que, por um momento trágico de sua trajetória democrática, permitiu que a sede de justiça se transformasse em sede de vingança, que o combate à corrupção se convertesse em instrumento de perseguição política, e que o clamor por moralidade pública justificasse a violação das mais elementares garantias individuais.

Cancellier partiu de forma trágica, mas não em vão. Seu nome batiza hoje um auditório e até uma avenida no entorno da UFSC, perpetuando a memória de um reitor democrata e agregador, que amava sua universidade. Amigos o recordam pelo sorriso tímido, pela paixão pelo Criciúma Esporte Clube, pela inteligência e dedicação ao serviço público. Infelizmente, será sempre lembrado também como vítima de uma grande injustiça.

O caso Cancellier expôs, de forma dolorosa, os riscos de um sistema de justiça que opera sem freios, de uma imprensa que abdica do contraditório em nome do sensacionalismo, e de uma sociedade que, sedenta por heróis e vilões, aceita condenar sem provas e aplaudir sem questionar.

Felizmente, com o passar do tempo, cresce o reconhecimento destes excessos e a busca por reparação e justiça. Hoje, movimentos de reitores e pesquisadores pressionam por responsabilização dos abusos cometidos e pela valorização da autonomia universitária, para que capítulos sombrios como os de 2016-2019 não se repitam.

A tragédia de Cancellier nos ensina que instituições devem ser firmes no combate ao ilícito, sim, porém sem jamais renunciar ao devido processo legal, à presunção de inocência e à humanidade. Caso contrário, corremos o risco de trocar a justiça pelo justiçamento, e isso, como vimos, pode cobrar um preço insuportavelmente alto.

Sua morte revelou o quanto a sanha por heróis e vilões, alimentada por um jornalismo acrítico e uma Justiça vaidosa, pode esmagar biografias, calar projetos, e destruir vidas sem nunca precisar provar coisa alguma. Quando, semanas depois, lançou-se do alto do shopping, no andar em que se exibia o filme *Polícia Federal: a lei é para todos*, com um bilhete no bolso que dizia "minha morte foi decretada quando fui banido da universidade", o país já voltava os olhos para outro escândalo, outra manchete.

Mas naquela queda silenciosa havia mais verdade sobre o Brasil do que em todas as denúncias da Lava Jato. Sua morte não é apenas um marco trágico na história das universidades brasileiras, é um alerta permanente sobre os perigos de um Estado que, em nome de combater o mal, pode ele próprio se transformar no maior mal de todos.

A operação que levou o nome "Ouvidos Moucos" revelou-se tragicamente profética: foram moucos os ouvidos que não escutaram o clamor por justiça de um homem íntegro, moucos os ouvidos que não ouviram os alertas sobre os excessos cometidos, moucos os ouvidos que se fecharam para as súplicas de uma vida que se desintegrava diante da opinião pública.

Que a memória de Luiz Carlos Cancellier nos inspire a construir um país onde os ouvidos da justiça jamais sejam moucos ao clamor da dignidade humana, onde o combate à corrupção não se confunda com a corrupção da própria justiça, e onde o Estado de Direito seja mais que palavras bonitas, seja a garantia real de que nenhum brasileiro volte a pagar com a vida pelo crime de ser inocente.

A universidade, a sociedade e o Estado brasileiro nunca mais podem fechar os olhos, ou fazer ouvidos moucos, diante de abusos assim. Que a morte de Luiz Carlos Cancellier siga nos compelindo a defender, incansavelmente, a dignidade humana e o Estado de Direito, para que nunca mais se repita uma tragédia como a que o vitimou.

Como bem alerta a jornalista argentina Stella Calloni, "os golpes de novo tipo são tão lesivos quanto os antigos, apenas mais sutis e insidiosos". Somente com espírito crítico, informação livre e solidariedade internacional é possível enfrentar a ofensiva do lawfare e afirmar, em alto e bom som, o direito de escrever nosso próprio destino, sem tutelas nem sabotagens.

Seu sacrifício não deve ter sido em vão. Que sua história continue ecoando como um chamado à consciência, lembrando-nos de que por trás de cada processo, de cada operação, de cada manchete, há vidas reais, dignidade humana e sonhos que podem ser destruídos pela frieza de um sistema que esquece sua razão de existir: servir à justiça, não à vingança; proteger inocentes, não destruí-los; construir um país melhor, não demoli-lo em nome de uma moral seletiva e cruel.

Que possamos construir um Brasil onde episódios como a Operação Ouvidos Moucos sejam apenas memórias dolorosas de um passado que optamos por superar, e onde jamais precisemos de novos mártires para nos lembrar do valor da justiça verdadeira.

PARTE III

DEPOIMENTOS

Vozes amigas.

Depoimento do Professor Áureo

Antes de mais nada, preciso esclarecer um mal-entendido que pode ter surgido: eu não estive preso junto com o reitor Cancellier, tampouco dividi cela com ele. Talvez tenha havido alguma confusão nessa informação. Trabalhei com ele, sim, éramos amigos há bastante tempo, e fui seu chefe de gabinete na reitoria da universidade. Mas não estive entre os detidos.

O Cancellier foi preso com Eduardo Lobo, Márcio Santos, Marcos Dalmau, Gilberto Moritz, Rogério Nunes... E também, se não me engano, Roberto da Mota ou da Mata, não recordo bem agora. Esses foram os professores que acompanharam todo o episódio, de fato, ao lado dele.

Acompanhei todo o processo da operação e seus desdobramentos como chefe de gabinete. Fui intimado como testemunha, mas nunca fui indiciado. Meu envolvimento foi institucional, cotidiano, e de amizade. Todos os nomes que mencionei, Lobo, Dalmau, enfim, são colegas com quem convivi intimamente nos últimos trinta anos de universidade. Estou lá há trinta e dois anos como professor.

O único processo formal do qual fui alvo ocorreu em 2018, quando a delegada Érica Marena nos processou, a mim e ao reitor que sucedeu o Cancellier, o professor Ubaldo. Ela nos acusou de calúnia e difamação, e abriu inquérito. Fomos alvos de perseguição, sim, mas a Justiça, na primeira instância mesmo, rejeitou a tese dela e não fomos sentenciados.

Toda a Operação Ouvidos Moucos e seus desdobramentos, até hoje, acompanhei sob essa perspectiva. Provavelmente, fui a última pessoa da universidade a falar com o Cancellier ainda em vida. Nos despedimos na noite do dia 13, véspera da prisão dele. Ele tinha uma colação de grau, e ali nos despedimos: "Até amanhã." Foi a última vez que o vi vivo.

Ele faleceu numa segunda-feira, mas a prisão havia ocorrido cerca de quinze dias antes. Aquela colação foi anterior à prisão. Ele foi detido numa quinta-feira, bem cedo, por volta das seis, seis e meia da manhão. Desde então, não o vi mais, até o momento em que retornou à universidade para ser homenageado e velado.

Após aquela noite da colação, não mantivemos mais contato. Temíamos que qualquer tentativa de comunicação fosse interpretada pela Justiça como interferência. Impusemo-nos esse silêncio. O contato se deu apenas por meio dos advogados. Os irmãos dele, Júlio e Ascioli, e outros amigos próximos, ainda conviveram com ele após a soltura. Mas nós, que trabalhávamos diretamente com ele, optamos pelo distanciamento por receio de represálias legais.

Sobre como surgiu o convite para assumir a chefia de gabinete, é preciso dizer que já havia uma relação anterior. Conheci o Cancellier no fim da década de 1980, quando ele trabalhava com o senador Nelson Wedekin e eu atuava como jornalista. Tivemos nosso primeiro contato numa campanha eleitoral ao Senado. Depois disso, nos encontrávamos esporadicamente. Ingressando na universidade como professor em 1993, retomei o vínculo com ele uma década depois, quando ele voltou à UFSC e se tornou diretor do Centro de Ciências Jurídicas.

Passamos a nos encontrar com frequência no Conselho Universitário, onde éramos conselheiros. Quando começou o processo de sucessão da reitoria, ele articulou, algo muito próprio dele, um grupo em torno de uma candidatura. Como eu tinha uma vivência institucional maior e já havia sido chefe de gabinete em outras gestões, acabamos nos aproximando muito. Ele se apoiava na minha rede de contatos para se tornar mais conhecido e ampliar o apoio. Estávamos praticamente juntos todos os dias.

Após a eleição, acabou sendo natural que ele me convidasse. A experiência acumulada nas gestões anteriores fez com que eu assumisse a chefia de gabinete. Ele também trouxe o professor Álvaro Lesana, figura excepcional, muito próxima dele. Lesana ficou como diretor-geral do gabinete, encarregado das questões estratégicas e da representação institucional. Eu assumi a função executiva, agenda, compromissos, estrutura do gabinete. Assim, intensificamos a convivência diária com ele. Era um espaço de confidência, de reflexão e de decisões importantes.

Durante o curto período em que foi reitor, cerca de um ano e meio, fomos, sem dúvida, as pessoas mais próximas dele.

Sobre os bilhetes que ele deixou, sim, houve mais de um além daquele encontrado em seu corpo. O primeiro foi ainda da prisão. Ele escreveu à professora Graziella, do curso de Odontologia, pedindo que verificasse a possibilidade de atender um detento que precisava recompor os dentes. Um bilhetinho singelo, mas revelador da sua preocupação com o outro.

Depois da morte, o filho dele nos chamou, a mim e ao Lesana, ao apartamento para nos entregar um envelope com outro bilhete. Era algo pessoal, direcionado ao Lesana, com uma mensagem de sentido simbólico, que ambos compreendiam, referia-se à vivência que compartilhavam na maçonaria. O Lesana é maçom de alto grau. O bilhete trazia essa natureza cifrada, espiritual.

O outro bilhete foi aquele amplamente divulgado, o que ele deixou no momento do suicídio.

Considerando minha experiência prévia como chefe de gabinete, posso dizer que ele concretizou exatamente aquilo que motivou a construção de sua candidatura. Até sua eleição, vivíamos sob uma gestão marcada por equívocos e um clima de insegurança e tensão. Houve muitas transferências de servidores entre setores, promovidas pela reitora anterior e isso gerou desgastes nas relações e um ambiente institucional pesado.

O Cancellier, por sua personalidade conciliadora, se propunha a pacificar. Isso foi reconhecido amplamente, inclusive por seu irmão Ascioli. Ele não levantava a voz, não perdia o controle. Tinha momentos de irritação, claro, como qualquer um, mas no dia a dia era um apaziguador. Queria recompor o ambiente político da universidade, e conseguiu.

Era muito acolhedor com qualquer demanda. Circulava pelos espaços, conversava com todos. As pessoas o queriam bem porque ele era desarmado, simples, acessível. Formou uma equipe representativa de diferentes setores, com forte vínculo com os técnicos-administrativos e boa relação com os estudantes. Era próximo e disponível.

Curiosamente, havia certo preconceito contra ele por não ser um professor titular, ainda estar no meio da carreira. Na academia, como sabemos, títulos contam muito. Mas, apesar disso, ele se impôs pelo diálogo e pela construção de prestígio, não pelo currículo, mas pela habilidade política e administrativa. E, sobretudo, pela humanidade.

Havia, sim, uma percepção de que ele teria um futuro promissor. O que mais dói é isso: ele tinha um grande futuro, na universidade e fora dela. Era uma figura encantadora, com grande potencial político-administrativo. E tudo foi brutalmente interrompido.

Desde o início da gestão, ele evitava qualquer tipo de retaliação contra quem o antecedeu, mesmo diante de irregularidades. Dizia: "Não me interessa punir ninguém. Deixa quieto." Usava muito a expressão "sem rolo, sem encrenca". Queria olhar para frente.

A reitora anterior vinha do curso de História, do Centro de Filosofia e Ciências Humanas. E havia um estigma forte contra esse centro. A universidade, de forma caricata, é dividida por um riacho: de um lado, Saúde e Engenharias, os "que produzem"; do outro, Comunicação, Letras, Filosofia, os "bicho-grilos".

Ela foi eleita com apoio estudantil, mas tinha pouco prestígio entre os docentes. Tentou promover participação e democracia, mas acabou se isolando. Tornou-se rancorosa, mal-humorada, reclusa. Comprou brigas com estudantes e técnicos. Na tentativa de reeleição, ficou em quarto lugar. A comunidade universitária foi clara: "Não queremos mais isso." E o Cancellier emergiu como o oposto exato.

A relação dele com os pró-reitores era tranquila. Ele era muito ouvido, e os pró-reitores atuavam com autonomia. A equipe era coesa. Tanto que, após sua morte, o reitor que o sucedeu, professor Ubaldo, manteve praticamente toda a equipe. Apenas dois ou três saíram por vontade própria.

Quanto aos grandes objetivos do Cancellier ao assumir a reitoria, posso identificar claramente alguns. O primeiro objetivo era restaurar o equilíbrio institucional. Reestabelecer a harmonia interna da universidade, que estava fragilizada pela gestão anterior.

O segundo era reposicionar a universidade na sociedade. A gestão anterior havia rompido com diversas entidades, como a FIESC, por motivações ideológicas, afastando a UFSC de setores estratégicos. O Cancellier, logo na primeira semana de gestão, reativou um convênio com a FIESC. Isso sinalizava que a universidade podia ser progressista e socialmente engajada, sem se fechar ao diálogo com outros segmentos da sociedade.

Internamente, criou a Secretaria de Ações Afirmativas e Diversidades, com status próximo ao de uma pró-reitoria. Foi um gesto corajoso, num ambiente em que ainda há setores conservadores e resistentes à inclusão de indígenas, negros, pessoas LGBTQIA+. Essa estrutura promoveu políticas de acolhimento e inclusão.

A primeira campanha de vestibular sob sua gestão foi marcada por essa mensagem: "Venha para a universidade, porque aqui tem diversidade." Apareciam imagens com diferentes perfis de estudantes. Houve reações, "onde fica a meritocracia?", alguns diziam, mas ele enfrentou e venceu essa resistência.

Além disso, formou uma equipe com membros de diferentes áreas da universidade, dos dois "lados do rio". Havia representatividade real.

O fato de ele ter participado da Novembrada e ter ligações com o Partido Comunista gerava pouco ruído. Ele soube construir pontes. Seu passado como militante e assessor político era conhecido, mas não foi usado contra ele de forma eficaz. Não praticava política partidária como gestor. Era pragmático. Recebeu ministros do PT e do PMDB da mesma forma. Dizia: "Sou reitor. Se o ministro é do PT, viva o PT. Se é do PMDB, viva o PMDB. Estou aqui para defender a universidade."

Recordo-me de várias anedotas que sintetizam sua personalidade como reitor. Ele era, digamos, um tanto desligado, o que beirava certa ingenuidade. Lembro de um dia em que almoçamos juntos com um servidor e sua família. Ao final da refeição, ele pegou todas as comandas e disse: "Deixa que o Áureo paga." E eu paguei cinco almoços.

Isso acontecia com frequência. Dizia que tinha esquecido a carteira ou o cartão. Eu e o Lesana até brincamos que ele nos devia uns 600 ou 800 reais, uma dívida simbólica, claro. Às vezes levava boletos e pedia: "Paga pra mim?" Lesana pagava. Era assim. Ingênuo, desprendido.

Tinha uma vida modesta. Morava num apartamento simples, não tinha carro, ia a pé à universidade. Era desprovido de vaidade. Vestia camisas gastas, abotoava até o último botão, não se importava. Simples, humilde. Um leitor voraz.

O momento em que chegou a notícia da Operação Ouvidos Moucos foi um choque absoluto para o gabinete e para mim em particular. Lembro que acordei cedo, como de costume, e recebi uma ligação de um ex-aluno, hoje jornalista. Ele perguntou: "Professor, qual é a posição da universidade sobre a prisão do reitor?" Eu, surpreso, disse: "Como assim? Não estou sabendo de nada." Ele respondeu: "Veja o noticiário."

Imediatamente, outro colega me ligou, um professor do Direito, que ocupava uma função administrativa, dizendo que sua esposa, advogada, já estava se dirigindo à Polícia Federal. O Cancellier e outros professores haviam sido levados para lá.

As notícias começaram a chegar, todas confusas. Ninguém sabia exatamente por que estavam sendo presos. Nem eles mesmos. A delegada Érica Marena convocou uma coletiva às dez da manhã e declarou que o reitor era líder de uma organização criminosa que teria desviado R$ 80 milhões em cursos a distância. Foi a primeira explicação oficial, e parecia totalmente descabida.

A prisão foi na quinta-feira. Ele foi solto na sexta. Durante todo esse período, estávamos perplexos. Eu fui direto para a universidade naquele dia. Viaturas da Polícia Federal ainda estavam no campus. O clima era de espanto.

Internamente, a primeira reação foi tentar manter a universidade funcionando. Estávamos convencidos de que o Cancellier retornaria em poucos dias. Ele havia sido afastado judicialmente, mas confiávamos em sua inocência. A vice-reitora assumiu, e seguimos. Evitávamos qualquer contato com ele ou os outros professores, temendo interpretações equivocadas da Justiça.

Publicamos um artigo no jornal O Globo, assinado por ele, mas redigido por mim e pelo Lesana. Defendia a universidade e sua gestão. Foi aprovado por ele, por meio da advogada. Isso nos deu esperança. Mas, na segunda-feira seguinte, veio a tragédia.

Estávamos reunidos na sala da reitoria, quando, de repente, todos começaram a olhar os celulares ao mesmo tempo. Informações começaram a circular: ele havia se jogado do shopping. Alguém confirmou: "O Cancellier morreu." Houve gritos, choro, desespero.

Eu reagi no modo racional. Disse à vice-reitora: "Vamos confirmar a informação." Um colega foi ao IML. Confirmado o óbito, organizei o primeiro comunicado oficial à comunidade universitária.

Suspendemos o expediente e começamos a planejar o velório. O auditório principal, com capacidade para 1.400 pessoas, ficou lotado. Realizamos uma sessão solene do Conselho Universitário com falas poderosas, como a do professor Lédio e a do senador Wedekin. Foi um momento histórico. Até então, a universidade havia se acovardado, por medo. Aquela sessão foi a resposta institucional que precisava ser dada.

A partir dali, decidimos afastar o corregedor, Rodolfo Hickel do Prado. Mas houve resistência. A vice-reitora foi ameaçada por um procurador: disseram que, se ela não revogasse minha portaria de afastamento, teria o mesmo destino do Cancellier. Ela entrou em colapso emocional. Acabou revogando a portaria. Eu e os pró-reitores renunciamos. Criou-se uma crise.

Ela entrou em licença médica, e o decano do Conselho Universitário, o professor Ubaldo, assumiu como reitor pro tempore. Ele reeditou minha portaria, afastou o corregedor, e restabeleceu alguma normalidade. Depois, foi eleito reitor.

Mas a injustiça contra o Cancellier jamais foi reparada.

Com o tempo, os demais professores que foram presos com o Cancellier começaram a ser reintegrados. Sempre que um deles recebia autorização judicial para retornar à universidade, organizávamos uma recepção oficial no gabinete, com toda a equipe. Era nossa forma de declarar: "Eles são bem-vindos. Sempre foram inocentes."

É importante dizer: passados sete anos, a única vítima com uma sentença foi o próprio Cancellier, e essa sentença foi de morte. Nenhum outro processo teve condenação. Um dos professores, inclusive, foi excluído do inquérito recentemente por falta de provas. O Ministério Público reconheceu que não havia elementos para mantê-lo como réu. Então, por que foram presos?

O processo ainda segue. Ele se arrasta. O procurador ainda pede diligências. Audiências são marcadas. Sou testemunha de defesa de quatro desses professores, mas ainda não fui chamado. Nenhuma condenação. Nenhuma prova concreta. E o mais grave: isso já é punição. É uma pena em si. Um castigo pelo qual continuam a passar.

Que eu saiba, não há mais bens bloqueados. Mas, por muito tempo, houve restrições: alguns deles não podiam atuar com ensino a distância nem ocupar funções de confiança. Não sei se isso ainda se mantém.

Sobre aquele ponto delicado do depósito feito na conta do filho do Cancellier, foi uma decisão do próprio Cancellier. O filho, Mikael, estava desempregado, havia terminado o doutorado. O Cancellier, como professor, tinha direito a uma bolsa de R$ 7 mil por ter ministrado uma disciplina de Direito Administrativo num curso EAD. Pediu que o coordenador do curso, Gilberto Moritz, fizesse o depósito diretamente para o filho.

Foi uma barbeiragem administrativa, sim. O recurso era público e deveria ter sido pago ao próprio Cancellier. Mas, em sua visão, fazia sentido. Ele quis ajudar o filho. Foi um gesto ingênuo, típico dele, como aquele de esquecer a carteira no restaurante.

Mikael não fala sobre isso. Passou por um período muito difícil. Estava na mesma universidade, no mesmo departamento do pai. Sofreu com insinuações, comentários maldosos. Se isolou. Fiz o possível para ajudá-lo. Tentei transferi-lo para o meu departamento, mas a proposta foi rejeitada. Posteriormente, conseguimos uma permuta com a Universidade de Brasília, e ele foi para lá.

Quando o convidei para uma homenagem ao pai, respondeu: "Não quero saber disso." E desligou.

Por conta daquele depósito, Mikael foi indiciado. Fez um acordo com o Ministério Público, assumindo a prática do "crime" para se livrar do processo. Abriu mão de sua inocência. Os demais, não. Permanecem firmes na defesa da própria honra.

Conheço esse processo como poucos, desde o início. Estávamos atentos. Sabíamos que o corregedor, Rodolfo Hickel do Prado, estava "preparando algo". Mas o que se revelou foi muito além do que podíamos imaginar.

Os procedimentos administrativos adotados por coordenadores de cursos EAD eram, no máximo, discutíveis, jamais criminosos. Mas o corregedor, ao invés de abrir uma comissão de sindicância como prevê o rito institucional, decidiu colher depoimentos por conta própria e alimentar o Ministério Público com fragmentos que favoreciam sua tese. O processo já nascia viciado.

Cancellier foi a Brasília, conversar com o presidente da CAPES, após o bloqueio de recursos. O presidente informou que havia uma investigação. De volta à UFSC, ele requisitou ao corregedor acesso ao processo. Nem imaginava que seria acusado como chefe de quadrilha. É revoltante.

Sim, prestei depoimento. Depoimento de cinco horas à Polícia Federal. O Lesana também depôs. O corregedor dizia que todos nós, pró-reitores, assessores, secretários, fazíamos parte da "organização criminosa". Uma acusação patética.

Até hoje, não houve qualquer condenação. Nem prova efetiva. Alguns chegaram a ser processados administrativamente pela CGU, com penalidades como suspensão de trinta dias, mas tudo foi revertido. O TCU já concluiu que não houve qualquer irregularidade. Ninguém precisou devolver dinheiro. Nenhum cargo foi perdido. O único desfecho que ainda falta é o judicial.

Não houve desvio de recursos da Educação a Distância. Em alguns casos, houve soluções não ortodoxas para pagar colaboradores. Mas tudo registrado, com documentação. Por exemplo, um professor cadastrado em um projeto podia repassar parte da bolsa a outro profissional que tivesse contribuído, mas não estivesse formalmente vinculado. Isso está nos autos.

Me perguntaram na PF: "O senhor participou como pesquisador do projeto coordenado pelo professor Eduardo Lobo?" Sim.

"Trabalhou para receber?" Sim. Existe documentação, relatórios, aprovações departamentais. Nada foi feito à margem.

Acusaram até um carteiro de receber bolsa. Alegaram que um carteiro recebeu bolsa do EAD. Mas ele era formado em Ciências Contábeis, passou em concurso dos Correios, mas atuava como tutor num curso da área contábil. Participou de edital. Era um tutor, não um carteiro no sentido estrito.

Tudo isso foi, sim, uma pedalada administrativa. Práticas institucionais, às vezes recorrentes, podem parecer ilegais sob determinados olhares. Mas, nesse caso, transformaram tecnicalidades em crimes para justificar o espetáculo da prisão. Foi um abuso.

É exatamente isso: um castigo sem sentença. É trágico. Relações de trabalho, amizades, colaborações acadêmicas foram criminalizadas. Trabalhei com todos eles: Dalmau, Lobo, os demais. Participamos de projetos juntos, com foco em videoaulas e teleconferências, áreas em que tenho formação e experiência, como jornalista e professor de Telejornalismo e Radiojornalismo.

Para a Polícia Federal, essa constância nos nomes indicava uma "organização criminosa". Mas, na universidade, é absolutamente comum que um grupo de pesquisa ou núcleo acadêmico mantenha continuidade em seus projetos e participantes. Se adotarmos essa lógica, qualquer grupo institucional vira quadrilha. Um absurdo completo.

E o mais cruel é que esses professores ainda não foram absolvidos nem condenados. Vivem num limbo jurídico. Isso, por si só, já é uma forma de punição.

Que eu saiba, não têm mais bens bloqueados. Mas, por decisão judicial, alguns não podiam atuar com EAD nem ocupar cargos de gestão. Não tenho certeza se isso ainda está em vigor.

Houve, sim, um episódio envolvendo uma transferência de R$ 30 entre mim e o Dalmau. Durante o processo administrativo, a CGU me pediu explicações sobre uma transferência de R$ 30 que fiz para a conta do Marcos Dalmau em junho de 2016. Fiquei sem saber. Fui buscar nos extratos, e lá estava. Depois, o próprio Dalmau me lembrou: era o reembolso de um almoço em grupo, que ele pagou e nós reembolsamos.

Veja o nível de patetismo. Um auditor da CGU investigando uma transferência de R$ 30 entre dois servidores públicos com longa trajetória na universidade. Uma tragédia convertida em farsa burocrática.

No fundo, o mais grave é que tudo isso deturpou relações legítimas. É isso que mais dói. A cultura acadêmica, colaborativa, foi tratada como esquema criminoso. E tudo isso sem provas. Até hoje, os professores seguem sob suspeita, sem uma decisão final. Isso é um castigo moral, profissional e existencial.

Depoimento do Professor Eduardo Lobo

Sim, dividi a primeira cela com o Cancellier na carceragem da Polícia Federal. Depois, ficamos em celas ao lado no presídio estadual da Agronômica.

Hoje, com o afastamento temporal, quase oito anos, e emocional também, posso dizer que foi tranquilo. Hoje. Mas é uma violência. A Polícia Federal bate à sua porta, acompanhada do porteiro e de mais uma pessoa, que um dos agentes vai buscar para ficar como testemunha. Dá-se a abordagem, entra o delegado responsável, dois agentes, um deles muito nervoso, e um escrivão. Esse é o padrão.

Quando as pessoas perguntam se foram mobilizados cem agentes para prender quatorze pessoas, sete em condução coercitiva e sete com mandado de prisão temporária, isso é um erro. A prisão não era preventiva, era temporária. E a delegada que estava dando a entrevista tinha a prerrogativa atribuída pela juíza que expediu os mandados. Ela podia liberar todos.

A juíza, na expedição do mandado, transferiu uma competência que era dela para a delegada do caso, a titular da operação. Ela poderia liberar todos, conforme seu critério. Só que ela não ouviu ninguém. Foi dar entrevista. Porque o agente, os dois agentes, o escrivão e o delegado que vão te buscar para cumprir o mandado, seja de prisão temporária ou de condução coercitiva, são eles que tomam o teu depoimento.

Procurando responder objetivamente: a abordagem foi padrão. Mas botaram uma Glock na cara do meu filho, que tinha 17 anos. Perguntaram: "Tem arma aí?" Ele respondeu: "Não estou entendendo nada, moço, aqui não tem arma. Baixa sua arma, por favor." Ou seja, é isso que eu falei. Hoje, com o afastamento temporal e emocional, eu digo que foi tranquilo. Mas não foi. É uma violência.

Depois que entraram, meu filho foi fazer café. Eu estava sem camisa, porque não durmo de pijama. Convidei um dos agentes a se sentar, o que estava mais nervoso. Ofereci café. Fui buscar uma camiseta. Um dos agentes foi comigo, perguntou se tinha cofre. Disse: "É a casa de um professor, não tem cofre." Peguei a camiseta e voltei para a sala, essa mesma sala aqui, no mesmo apartamento, de 95 metros quadrados. Se um professor universitário tivesse 80 milhões ou parte disso, a casa estaria quitada. E provavelmente eu nem moraria mais em Florianópolis.

Eles entregam o mandado. Aí você toma ciência da coisa. Quando vi o mandado, percebi que era prisão temporária. Achei que era algo coletivo. Você assina um termo, confirma que está tudo certo. Eles lacram o telefone num saquinho e pedem a sua senha. Eu forneci antes de ligar para o meu advogado, mas disse: "Deixa eu ligar para o advogado, o contato dele está no telefone." Devolveram o aparelho. Liguei para ele e disse: "Vou para a PF." Um irmão meu, advogado, que depois me visitou na prisão, falou que ia mandar dois advogados criminalistas para me encontrar lá. Tranquilizou, disse: "Está tudo bem, fica tranquilo."

Concluída a ligação, assinei os papéis, as testemunhas também. Lacraram o celular, sabiam o que estavam fazendo. Eles são profissionais. Sabem identificar quem é bandido e quem não é. Eu já colaborando, os acalmei, inclusive o agente mais nervoso. O tratamento mudou. Ficou mais respeitoso.

Ele disse: "Professor, o senhor vai passar o dia lá. Talvez a delegada lhe libere. Leve uma muda de roupa." Naquele momento, ninguém sabia para onde iríamos. Se ficaríamos na carceragem da PF, num hotel de passagem do Exército, isso foi cogitado, ou em uma cadeia comum. No fim, nos levaram para uma cadeia, junto com traficantes, assassinos etc.

Mas, procurando ser mais assertivo na resposta: depois que a gente assina, pega a roupa e sai. Sem algemas, sem um tratamento espetaculoso, digamos. Foi tranquilo. Você entra num camburão da PF, todo caracterizado, na frente da sua casa. Entram quatro caras.

O meu vizinho de porta pratica remo, então acorda cedo. Ele estava voltando do remo e se deparou com quatro agentes da PF no andar. Ele perguntou: "O que é isso?" Depois, você tem que explicar para as pessoas o que aconteceu. É uma violência. Mas é isso. Não processaria ninguém da PF.

Tem uma questão interessante: no final do depoimento prestado ao delegado que me buscou em casa, o delegado Torres, de Curitiba, ele colocou a mão no meu ombro e disse: "Professor, depois que tudo isso acabar, venha me visitar em Curitiba. Venha tomar um café conosco." Eu estava esperando tudo acabar para fazer essa visita. E não acabou até hoje, né? Ele está esperando minha visita de cortesia. Ele foi à minha casa; então, acho justo que eu vá à casa dele.

O processo ainda não terminou. Está em audiência de instrução. Estão marcadas para setembro e outubro as oitivas com as testemunhas de defesa.

Sobre um rumor que existe de que a Janaína e a Marena teriam uma relação amorosa, primeira vez que estou ouvindo. É difícil afirmar qualquer coisa. O que se sabe, e é público, é que a própria juíza Janaína Cassol, nas audiências, se refere à companheira dela como esposa. Ela se assume homossexual, fala da companheira. Também nas redes sociais.

O que se sabe é que ela vivia com duas mulheres. Agora, se tinha algo com a Érica Marena, não sei. Acho que não há nada assim. Mas se isso for comprovado, derruba tudo. Valeria a pena investigar, porque, se for verdade, ela não poderia atuar no caso. Isso comprometeria a ação inteira.

Há muitas coisas que derrubam tudo. Só que não podemos falar ainda. Os réus só são ouvidos por último. A gente derruba tudo. Mas, perante a imprensa, seria algo muito contundente, ainda mais com o suicídio do reitor.

Sobre a informação de que no sétimo andar do shopping, de onde ele se atirou, estava em cartaz um filme da Érica Marena, sim, sabia disso. Foi uma marca muito óbvia. O Paulo também me falou que ele foi lá no domingo à noite, no mesmo lugar. Possivelmente, já foi com essa intenção.

O próprio Ascioli confirma. O irmão dele confirma. O Ascioli estava com ele naquele período, morando no mesmo apartamento. Chegou lá e ele não parou. O Ascioli conta que o convidou para ir a Tubarão, cidade próxima, ver um jogo de futebol, e ele recusou. Queria ficar sozinho.

Se ele não quis ir, já devia ter um motivo forte. Provavelmente, foi ao shopping no domingo com essa intenção. Mas o shopping estava cheio. Você vai à janela, vê gente passando embaixo e não quer causar uma tragédia. Se você vai pular, precisa garantir que não tenha gente embaixo, porque já aconteceu de atingirem inocentes.

Durante o período que passamos na Agronômica, estivemos na mesma cela, uma cela coletiva, aberta. Quando nos deram janta, já algemados e com o uniforme laranja, convivemos um pouco ali dentro, coletivamente.

Durante as aproximadamente trinta e seis horas que ficamos na Polícia Federal e na Agronômica, houve conversas com o reitor Cancellier. Quando ele chegou, foi o último a chegar, estávamos esperando. O depoimento dele levou mais tempo que os demais. Como comentei, o delegado que te busca é quem toma o teu depoimento. O do Cancellier foi longo.

Quando chegou, estava cabisbaixo. Perguntei: "O que é isso?" Ele respondeu: "As pessoas estão se sentindo." Com meu perfil, quis reagir: "Está aí para processar essa gente. Com tua formação analítica, o que se faz?" Ele disse: "Primeiro, prova a inocência, porque isso é fácil. Depois, você processa quem quiser."

Tentei ir no emocional: “Mas por que isso está acontecendo?” Ele respondeu: “Tempestade perfeita. Um louco encontrou outro louco, que encontrou outro louco mais louco ainda.” Ou seja, na minha percepção, nenhum dos filtros funcionou. A PF, o Ministério Público, a CGU, o juiz do caso, todos falharam. Nenhum filtro funcionou.

O TCU também participou. Era uma operação conjunta: Polícia Federal, CGU e Ministério Público. Nas fotos, aparece gente da CGU com colete preto. Fui absolvido no processo administrativo da CGU em 2019, dois anos depois. A CGU não informou o Ministério Público de que não havia nada. Ninguém informou.

Então, a operação era conjunta só para prender. Depois disso, cada órgão seguiu seu caminho. Os filtros só funcionam quando há orientação adequada e interesse real em apurar a verdade. O modelo seguido foi o da Lava Jato, como se diz aqui na ilha, “escrito e escarrado”. Literalmente escancarado.

Da Lava Jato, desculpa se pareço arrogante, mas acho que conheço como poucos. Escrevi vários livros sobre o tema, inclusive sobre casos correlatos fora do Brasil. Conheço bem aquele modus operandi. Além dos “loucos” que mencionei, havia uma vontade obsessiva de aparecer, porque aparecer significa capital social, político. Veja o Moro, hoje senador, liderando as pesquisas para governador do Paraná. A Érica Mariana também parecia ter esse desejo. Eles eram muito próximos.

Sobre a cobrança na minha fala quando perguntei “E daí, o que é isso?”, não, em absoluto. Era para entender a percepção dele. Internamente, sabíamos o que estava acontecendo. Inclusive no livro do Marcum, O Recurso Final, ele aborda isso. Nós sabíamos que havia um descontentamento com o corregedor-geral, indicado pela gestão anterior, que era oposição aberta ao Cancellier. Ela foi candidata e perdeu, ficou em último lugar. Um sujeito abjeto, inclusive.

Esse corregedor, em seu depoimento, perdeu a memória. Não se lembrava de nada. Na audiência de instrução, esqueceu de tudo. E no dia em que prestávamos depoimento, presos, sob custódia da PF, esse corregedor enviou um ofício a todos os coordenadores de projetos, pedindo a relação das bolsas pagas nos últimos cinco anos.

Ora, se ele não tinha relação das bolsas pagas, como podia afirmar que houve desvio de bolsas? Primeiro lançou a acusação, depois foi atrás das provas. É o que o Ministério Público continua fazendo até hoje: tentando provar uma denúncia que é inepta, inconsistente.

Poucas figuras me causaram tanta abjeção quanto esse corregedor. Quando fui entender quem era, pesquisei a fundo. Só desgraça no currículo. E é peça-chave nessa história toda, porque foi quem deu início a tudo.

Ele se utilizou de uma professora do meu departamento, Administração, descontente e sem entendimento sobre o serviço público. Ela foi manipulada. Hoje sabemos que ela não era estrategista, foi usada. E ela própria reconhece isso. No xadrez, o cheque de peão é o mais humilhante. Foi o que aconteceu.

Sobre os detalhes dessas 36 horas e o que conversamos, a questão está sendo explorada de forma exagerada. Posso falar por mim: homem joga futebol, toma banho em vestiário, todo mundo pelado, sem pudor. Ficar sem roupa na frente dos outros nunca foi problema para mim.

A revista íntima, na PF, funciona assim: você entra na cela, tiram toda a roupa, pendura-se na grade, segura com as duas mãos e faz agachamento. Ninguém encosta em você. Se tiver um celular escondido, ele cai ao agachar. Mandaram fazer isso? Sim. É o procedimento padrão.

Com o Cancellier foi igual. Não é nada excepcional. A violência não está nisso. Está no aspecto psicológico. Privar de liberdade, não poder sair dali, é o mais grave. Tirar a roupa e fazer dois ou três agachamentos não é o problema. Pelo menos para mim.

Isso aconteceu tanto na carceragem da PF quanto quando fizemos a matrícula no sistema prisional. Para mim, o mais agressivo foi vestir o uniforme laranja. Isso sim é humilhante.

O interesse em torno da revista íntima tem esse aspecto meio sexualizado, mas a questão é que, no caso do Cancellier, se houvesse ocorrido como foi relatado, com dedo, agressão, aí sim seria humilhante, desnecessário. Mas não foi assim. Foi o procedimento padrão. A humilhação maior é emocional. Por exemplo, quando nos deram jantar, já algemados e uniformizados, numa cela coletiva, com uma canequinha d'água para todos, um agente perguntou: "Quem é o Luiz?" O Cancellier respondeu: "Sou eu." E o agente disse: "Ah, o reitor? Aqui você é só o Luiz." Como se precisasse dizer isso. Para humilhar, atingir emocionalmente.

Lembro pouco das conversas. Houve pouca conversa. O ambiente é muito agressivo. Ninguém merece aquilo. Nem assassino, porque aquilo ali não recupera ninguém. Não é um ambiente de recuperação. Se o objetivo do sistema prisional brasileiro é reabilitar, está falido. O lugar é desumano.

O que me lembro é do final. Da saída. Algumas percepções emocionais. Os carcereiros abriram e fecharam a cela várias vezes. Começaram a nos dar muita comida, pão. Estranhamos: "Por que estão nos tratando bem?" Talvez tenham percebido que não havia nada contra nós, e ficaram com pena.

Toda vez que a cela abria, pensávamos: "Vão nos tirar daqui." Mas só entregavam mais comida. A noite de 14 para 15 foi em claro. No dia seguinte, já era fim de tarde, seis ou sete horas, perdemos a noção do tempo ali dentro.

Quando abriram a porta, achamos que era para mais comida. Mas o agente disse: "Vim tirar vocês daqui." A sensação do encarceramento é devastadora. Se fossem 20 dias, dois meses, acho que o efeito seria o mesmo. Foram 36 horas, mas o impacto foi enorme.

Quando o agente abriu a porta e disse "vim tirar vocês daqui", pensei: "Vão nos levar para outro lugar." Jamais imaginei que nos soltariam numa sexta-feira às seis da tarde. Mas, naquele dia, eu já tinha conversado com os advogados. Já estávamos com um habeas corpus no TRF-4, porque aqui havia sido negado. Na verdade, acabamos conseguindo aqui mesmo, na primeira vara. A juíza entrou de licença médica e assumiu uma substituta da substituta.

O modelo era claro. Prende-se na quinta-feira. A cela já está preparada, colchão mijado, pulgas, e se deixa o sujeito lá: quinta, sexta, sábado, domingo. Sem visita, sem parente, para deixá-lo completamente desnorteado, desesperado. Aí chega a segunda-feira de manhã, bate alguém na cela e oferece um papel de delação para assinar.

Esse era o modelo aqui. E certamente era o que estava previsto para nós, se não houvesse a soltura.

Tenho uma teoria que segue essa linha. Quando os depoimentos foram tomados, houve convergência entre todos os investigados. Depois, ao ter acesso aos depoimentos no inquérito, percebeu-se que todos diziam: "É um equívoco. Não há desvio algum. Não é possível desviar bolsa da Capes." Todos disseram isso. Então, como preparar uma delação? Não havia de onde tirar. Não tinham base.

Mas, sinceramente, acho que isso não os impediria. Conhece a fábula do lobo e do cordeiro? O lobo diz: "Vou te comer porque você sujou a água." O cordeiro responde: "Mas estou abaixo na corrente, não tem como sujar." E o lobo retruca: "Então foi o seu irmão." Eles iriam prender de qualquer forma. Acho que foi a juíza quem evitou a continuidade.

Sobre as condições físicas e psicológicas do cárcere provisório e como isso afetou minha visão sobre o sistema penal brasileiro, nós já sabíamos o que era a Lava Jato. Quando você se torna sujeito daquilo, quando você vira o alvo, só ratifica as impressões. Felizmente tivemos um bom resultado na última eleição presidencial. E felizmente houve a Vaza Jato. Porque, senão, talvez eu tivesse que ir para outro país. Talvez para o Canadá, como refugiado político. A situação era essa.

Então minha visão não mudou muito. Continuamos sendo atingidos por tudo isso, mas parece que o pior já passou. Ainda assim, há ameaças. Realmente, eu tinha plano A, B, C e D. Só ativei o plano A quando o Bolsonaro foi eleito. Fazia programa no YouTube todo dia, entrevistando abertamente.

Sobre as indagações ou esclarecimentos que considero que a PF ou o Ministério Público Federal ignoraram naquele momento, todos. Tudo foi feito sem materialidade. A delegada do caso se baseou, e não estou dizendo nada em sigilo, num relatório de "demandas externas" da CGU, de 2014. E o relatório final da Polícia Federal era uma tentativa de encontrar algo.

Para você ter uma ideia: em 2014, nem eu nem o Cancellier estávamos na reitoria. Eu era chefe de departamento. Quem deveria ter sido ouvida era a reitora anterior. Depois, saiu o relatório do TCU: 91% da gestão sob responsabilidade do Prata, o reitor anterior. 9% da gestão do Cancellier. Ou seja, R$ 327 mil para serem explicados na gestão do Cancellier. Não estou dizendo que foi explicado, estou dizendo que era para explicar.

E depois soubemos que esses R$ 327 mil estavam ligados a um projeto da Física. Eu era chefe do Departamento de Administração, ou seja, não tinha relação direta. Eles juntaram todo mundo e disseram: "Agora se virem para se explicar."

Foi assim que agiram. E quando digo que não nos ouviram antes, é porque não havia materialidade. Eles achavam que tudo era a mesma coisa. Um exemplo é o caso do carteiro, emblemático. Ele recebia bolsa, mas era formado e havia prestado o processo seletivo. Qual o problema?

E você acha que o reitor olhava processo seletivo para tutor de curso? Nem o chefe de departamento olha. Se houvesse alguma irregularidade, e é fácil transformar irregularidade em ilegalidade, quem perceberia seria o próprio coordenador do curso ou do projeto. Porque, se você coloca alguém que não dá conta, a responsabilidade é sua. Por isso, os coordenadores eram cuidadosos. Contratavam gente qualificada.

E no caso do reitor... Estou escrevendo a biografia de um governador do Paraná, acusado de algo em que sua assinatura era a 13ª. Havia doze assinaturas técnicas anteriores. Ele apenas assinava. Aí os mal-intencionados dizem: "Ele sabia."

Então é isso. Dizem que ele sabia, mas como poderia? Era a 13ª assinatura. Com duas assinaturas, desde o início do processo, quem vai parar tudo para rever? Não. Se todos os técnicos assinaram, você assina também. E os mal-intencionados usam isso contra.

Sobre como foi lidar com o afastamento cautelar de quase um ano, sem entrar no campus, sem exercer a docência, e que efeitos isso teve na minha carreira e na minha saúde mental, hoje, com o distanciamento, posso dizer que foi bem difícil. Claro. Mas foi uma preparação para a pandemia. Quando a pandemia veio, em 2020, eu já sabia o que era ficar preso em casa.

Para o Cancellier, o pior foi não poder entrar na UFSC. Era o quintal da casa dele. Com todo respeito ao termo, mas era ali, do lado. Uma extensão da casa. Para mim, procurei reagir o mais rápido possível, dentro das condições psicológicas que eu tinha.

Os primeiros dias foram os piores. Depois, você se acostuma. Fui ao psiquiatra. Minha mulher estava em licença médica, também se afastou. Ela é professora no Instituto Federal aqui. Quando ela voltou, já melhor, eu já tinha ido ao mesmo psiquiatra que ela. Não queria repetir minha história para outra pessoa.

Ele disse: “Eduardo, não vou te dar remédio. Quero que você faça atividade física regular e volte a tocar música. Monte uma banda, vá cuidar do corpo e toque. E cuide da sua esposa.”

Concordo completamente. Existe toda uma indústria farmacêutica e médica. Consulta todo mês, gasto em farmácia. Ao longo daquele ano, foi como no filme, você olha o relógio da academia e pensa: “Mais um dia.” Depois, mais um mês. Você insiste em ficar bem. Quando retornei, um ano e sete dias depois, foi por medida de habeas corpus no TRF-4. Pedi ao reitor três coisas: me defender no CUn (Conselho Universitário), mudar de departamento e acompanhamento psicológico na junta médica da UFSC.

Tudo foi concedido pelo reitor Ubaldo Baltazar, que me recebeu muito bem. Entreguei um memorial com minha defesa. Ele disse: “Vai ser minha leitura de cabeceira.” E contou, depois, num evento em homenagem ao Cancellier, que entendia o que estávamos passando. Tinha um irmão que se suicidou enquanto ele defendia o doutorado na França. Não conseguiu nem enterrar o irmão.

Criamos laços que, sem passar por tudo isso, jamais teríamos criado. Laços profundos, de respeito, de humanidade.

Quando voltei, o reitor me recebeu muito bem. Fiquei em tratamento com uma psicóloga da junta médica da UFSC, sensacional. Ela brincava: “Você é meu paciente mais longevo.” Quando ríamos juntos, ela dizia: “Eduardo, você está vindo aqui só para alegrar meu dia, acho que não precisa mais.”

E eu respondia: “Preciso, sim.” Porque eu não levava o assunto para casa. Conversava só lá. Assim, preservamos a saúde mental da família.

Algo que digo pouco: acho que saí disso uma pessoa um pouco melhor. Mais sensível, mais empático. Hoje gosto mais de dar aula. Consigo me colocar mais no lugar do outro, entender o sofrimento alheio.

Não é relativizar, mas ao ver histórias como a de um pai com um filho que se suicidou cedo, ou uma doença trágica, percebemos: isso sim é problema. O que vivemos, se temos saúde para nos defender, enfrentamos. Vou à academia quase todo dia. Procuro me divertir. Vou a todos os shows possíveis. Fomos ver o Luiz Melodia antes de ele falecer. E agora, pela segunda vez, o Ney Matogrosso.

Esses grandes artistas estão indo. Enquanto estão aqui, temos que aproveitar. O relacionamento com as pessoas também. Se isso tudo serviu para me ensinar algo, procurei tirar o lado positivo. Acho que fiquei uma pessoa um pouquinho melhor.

As músicas do Ney Matogrosso são quase todas políticas, mas ninguém percebe. Por exemplo, "O Gato Preto" faz alusão ao Oswaldão, militar do Araguaia. Corujas e pirilampos são soldados com faroletes. Os sacis e as falas representam os guerrilheiros. Eles estavam cantando essas histórias.

Veja como é cíclico: ele voltou a cantar para uma nova vítima de uma ditadura.

Depoimento de Acioli Cancellier

Passados quase oito anos, questiono-me diariamente sobre o que mudou desde aquela data fatídica de 14 de setembro de 2017, quando meu irmão Luiz Carlos Cancellier e mais seis professores foram conduzidos coercitivamente e, depois, levados à prisão estadual, um presídio de segurança máxima. Dezoito dias após ser solto, não suportando a infâmia na qual foi jogado, a lama, ele se suicidou.

A notícia veiculada por todos os grandes meios de comunicação, escritos, televisivos e portais de internet, era que o reitor Luiz Carlos Cancellier era o líder de uma organização criminosa que desviou 80 milhões de reais da sua querida universidade. Contudo, no inquérito não há acusação de apropriação de dinheiro, nem se refere aos 80 milhões. Isso não existia no inquérito. Mas a delegada, no instante em que o Cau estava sendo preso, deu uma entrevista coletiva à imprensa, e no site da Polícia Federal repetiu essa infâmia: "Reitor da universidade lidera uma organização criminosa que desviou 80 milhões de reais da universidade".

Logo após a morte do meu irmão, o senador Nelson Wedekin escreveu um artigo chamado "As Mãos que Empurraram o Reitor", identificando três mãos que empurraram Luiz Carlos daquele sétimo andar. Primeiro, o processo investigativo interno dentro da universidade, conduzido por um adversário político, da política universitária, que fez um relatório enviesado, totalmente sem base, que serviu para fundamentar o inquérito. A segunda mão, da delegada Érica Marena, da Polícia Federal, auxiliada pelo Ministério Público, que acolheu uma denúncia vazia, uma denúncia sem nenhum peso, sem nenhuma evidência. E a terceira mão que empurrou foi a veiculação espetaculosa da imprensa nacional.

Lembro-me de estar em Florianópolis naquele dia, 14 de setembro de 2017. No principal noticiário da manhã, da TV Globo, a apresentadora falou algo como "roubalheira na universidade". Quando a TV Globo explode com uma manchete "Roubalheira na universidade comandada pelo reitor Cancellier", configura-se um conjunto de forças que empurraram meu irmão daquele sétimo andar do edifício do shopping Beiramar. Foram três os fatores que empurraram Luiz Carlos daquele edifício: uma denúncia vazia, o acolhimento da denúncia pela Polícia Federal e pelo Ministério Público, e a divulgação espetaculosa de um crime que não estava no inquérito.

A leitura do inquérito, que tem pouco mais de 100 páginas, revela acusações muito etéreas, sem peso, vagas. Ele não se sustenta. Basicamente, o reitor Cancellier foi preso por liderar uma organização criminosa e por ter feito obstrução à justiça, na medida em que supostamente não sabia que estava sendo investigado. Ele não foi ouvido porque não sabia da investigação. Como pode uma pessoa obstruir a justiça num inquérito em que ela não está sabendo que está sendo investigada?

Essa obstrução da justiça é caracterizada por outra falsidade, porque quem determinou que o reitor avocasse um processo que estava ocorrendo na universidade, no qual ele não sabia que estava envolvido, foi o Procurador-Geral da universidade. O Procurador-Geral aconselhou o reitor a avocar o processo para que fosse explicado por que havia sido interrompido o fluxo de recursos da CAPES que financiava o programa Universidade Aberta do Brasil (UAB), alvo dessa operação. Era um programa cujos recursos não entravam na universidade, não passavam pela mão do reitor, porque é um recurso financiado pela CAPES que vai diretamente para os coordenadores.

Ele avocou porque havia uma interrupção no fluxo. Essa avocação o fez ir a Brasília conversar com o presidente da CAPES, que explicou: "Ó, interrompemos o fluxo porque está havendo uma investigação". Ele ficou surpreso. Então, chegou e falou ao presidente da CAPES, uma semana antes de ser preso: "Pode restabelecer o fluxo, porque eu vou avocar o processo para a Reitoria para nós explicarmos se houver irregularidades". O presidente da CAPES prontamente restabeleceu o fluxo, pois a CAPES não suspeitava nada do reitor.

Essa avocação foi utilizada no inquérito de forma distorcida: "O reitor da Federal de Santa Catarina está mancomunado com o presidente da CAPES. Estão mancomunados para obstruir o processo de investigação". Primeiro, meu irmão foi orientado pelo Procurador-Geral da universidade. Segundo, quando voltou de Brasília, a primeira coisa que fez foi levar às instâncias internas de comunicação da universidade a boa nova: "O fluxo dos recursos da CAPES vai ser restabelecido". Isso foi usado contra ele.

Meu irmão era formado em Direito, com mestrado e doutorado na área jurídica, era um jurista na acepção da palavra. Produziu mais de 20 livros sobre textos jurídicos. Ou seja, conhecia a lei. Não sabia do que estava sendo acusado porque o inquérito é uma peça acusatória na qual nem ele, nem os outros professores foram ouvidos preventivamente. Tinham endereço fixo, não tinham antecedentes criminais, ocupavam cargo público federal. Nunca foram ouvidos e não sabiam que estavam sendo investigados.

Naquela manhã de 14 de setembro, às 6 horas, ele foi levado em condução coercitiva. Nesse dia, ele e outros seis professores foram levados num processo espetaculoso, com todos os veículos de comunicação já às 6 horas avisados. Foram conduzidos à Superintendência da Polícia Federal, onde foram ouvidos durante 6 horas, das 10 da manhã às 16 horas. O que os policiais queriam naquele momento era que o reitor e os outros presos confessassem delitos envolvidos em desvios de recursos da Universidade Aberta do Brasil, programa que começou em 2007, lembrando que Cancellier assumiu a reitoria em maio de 2016. Estava há apenas um ano e 4 meses na reitoria.

Quando foi ouvido por policiais federais, todos foram muito truculentos e ameaçadores, no sentido de que ele e os outros professores confessassem seus delitos. E sempre ameaçando: "Se você for o primeiro a confessar, terá o benefício", que se chama delação premiada. Mas nem ele nem os outros podiam confessar, porque não sabiam a magnitude do que estavam sendo acusados.

Cau morreu não pelos crimes de que estava sendo acusado no inquérito, porque ele, como jurista e conhecedor da lei, saberia que as acusações não se sustentavam. Cau morreu por uma acusação que não estava no inquérito: a de ter desviado 80 milhões da universidade.

Após às 16 horas, foi levado à penitenciária de segurança máxima, onde, durante duas horas, passou por um processo humilhante, extremamente doloroso de revista, inclusive revista íntima. Vestiu o macacão alaranjado, e essas fotos foram vazadas, estando em seguida nas redes sociais as imagens do reitor com o macacão laranja. Algemado nos braços e acorrentado nas pernas, como um criminoso já condenado, de alta periculosidade, num presídio que abriga os principais criminosos da região Sul.

Naquelas duas horas que passou na revista, junto com outros presos, sofreu as maiores humilhações de como os guardas, as autoridades penitenciárias e os outros presos o viram. Foi submetido a essa vexação. Passou por uma revista íntima na Superintendência da Polícia Federal, depois por uma segunda no presídio. Desde a prisão às 6h até a entrada no presídio às 18h, nunca ficou só em nenhum momento, nem para ir ao banheiro.

Passou uma noite terrível na penitenciária. No dia seguinte, os advogados entraram com um pedido de relaxamento da prisão. A juíza que havia acatado a prisão, no mesmo dia entrou em licença médica. A juíza substituta acatou o relaxamento e imediatamente o liberou às 9 horas da noite do dia seguinte, 15 de setembro.

Foi acusado, intimidado pelos policiais federais, intimidado no presídio, intimidado por outros presos. No dia seguinte, quando foi liberado, voltou para casa. E 18 dias depois, cometeu suicídio.

Uma semana depois da soltura, meu irmão Júlio me ligou: "Venha para Florianópolis porque o Cau não está bem". Ele não queria sair do apartamento. Fui para Florianópolis e passei os sete últimos dias morando com ele no apartamento. Morava sozinho, num apartamento numa rua em frente à universidade. A prisão foi acompanhada de outras medidas, uma delas proibindo-o de entrar na universidade. Se atravessasse a rua, poderia ser preso. A vida dele era a universidade. Foi proibido de manter contato com outras pessoas da universidade e de qualquer atividade ligada à universidade. Foram confiscados celular, tablet, computador, tudo.

Passei os sete últimos dias da vida dele conversando com ele. Estava extremamente assustado pela repercussão que havia acontecido em nível nacional. Não permitia ligar a televisão, porque não queria ouvir o que seria veiculado. Era uma pessoa alegre, do diálogo, conciliador. Estava retraído, não querendo conversar porque estava muito assustado.

Precisava sair do apartamento para uma série de atividades: falar com advogados... Havia feito, há poucos meses, uma cirurgia cardíaca, precisava de acompanhamento médico, tomava vários remédios controlados. Tinha que fazer uma série de ações fora de casa, bancárias e similares.

Inicialmente, pegávamos um táxi, mas ele se sentia desconfortável porque tinha receio de ser apontado pelo público como "o reitor que roubou 80 milhões". Alugamos um carro e passei a ser o motorista. Quando saía do apartamento e entrava no carro, fechava-se, não olhava nem para os lados, com medo de ser reconhecido. Tal foi o impacto da acusação, da falsa acusação, sobre ele.

No dia 1º de outubro, era um domingo. Convidamos o Cau: "Vamos para Tubarão assistir futebol?". Ele disse: "Não quero ir porque vou ficar com meu filho. Vou almoçar com meu filho". Mas na realidade, não almoçou com o filho. Apenas nos afastou da casa dele. Falou: "Não, vão... eu não vou para Tubarão, mas vocês podem ir".

Terminado o jogo, voltamos para Florianópolis. Cheguei na casa dele, não tinha chave. Toquei o interfone, não atendeu. Liguei para o telefone fixo, não atendeu. O porteiro falou: "É, o professor Cancellier saiu de táxi". Fui para casa do Júlio. Quando chegaram 11 horas da noite, ele ligou da casa dele. Falou: "Não, eu fui jantar com o meu filho", deu uma explicação. "Amanhã você dorme aí no Júlio".

No dia seguinte, 2 de outubro, pela manhã, às 8:30h, cheguei na casa dele. Havia deixado um bilhete dizendo que ia dar uma saidinha e já voltava, que a chave estava na portaria. Subi para o apartamento e fiquei esperando por ele. Já naquele momento, havia ido para o shopping. Estava esperando o shopping abrir. Havia tomado a decisão.

No dia anterior, quando cheguei na casa dele e ele não estava, estava no shopping, no sétimo andar. Naquele instante, estava passando o filme "A Lei é Para Todos". Mas foi para lá não para assistir ao filme, foi para examinar o local do qual se atiraria.

Às cerca de 10:15h da manhã do dia 2, estava na sacada do apartamento dele. Uma vizinha falou: "Deu, acabou de dar na televisão que ele se suicidou". Assim soube. Liguei para o Júlio e falei: "Vai direto pro shopping".

Encontrei evidências de que havia fumado muitos cigarros naquela noite anterior, apesar de estar medicamente proibido devido à cirurgia cardíaca. A decisão já estava tomada. Vinte minutos depois, Júlio ligou confirmando a morte. Sabíamos que havia escondido sua intenção de nós. Deixou bilhetes: para a família, para um amigo, para o filho, e um bilhete-testamento encontrado com ele.

Não pôde nem receber os amigos no apartamento, pois seus amigos eram da universidade, devido às restrições. Só recebeu o senador Wedekin. Das conversas que tive com ele, repito, estava bastante assustado. Mas estava preparando, junto com os advogados, uma defesa a respeito das acusações que estavam no inquérito.

Algo aconteceu na quinta-feira que antecedeu sua morte. Publicou um artigo no jornal O Globo intitulado "O Reitor Exilado", onde falava a respeito da curta passagem pela reitoria, de seus planos. Fez uma acusação no sentido de que quem o estava perseguindo eram pessoas que não toleram o ensino público, a diversidade, a inclusão. Esse artigo teve repercussão nacional.

Na sexta-feira, havia sido agendada na universidade uma reunião de qualificação para alunos que ele iria orientar no doutorado. A juíza negou a ida do professor Cancellier à universidade para uma atividade acadêmica. Por conta de solicitação do então reitor substituto, a juíza permitiu, mas com restrições: "Ele vai entrar na universidade numa sala específica, vai estar lá conversando especificamente de assuntos acadêmicos e não pode demorar mais que uma hora".

O impacto dessas restrições foi grande: não poderia entrar livremente na universidade, sua capacidade de orientar e dar aulas foi cerceada, e sua carreira como gestor e reitor estava efetivamente encerrada. Acredito que naquele momento, na sexta-feira anterior, tomou a decisão. No sábado, consegui levá-lo para um passeio onde tirei a última foto dele. No domingo, eu e Júlio fomos para Tubarão e ele ficou em Florianópolis. Naquele domingo, preparou sua morte.

Teve uma preocupação especial: deixou quatro bilhetes. O desembargador Lédio Rosa de Andrade, amigo de Cau, em seu discurso fúnebre no Centro de Eventos da UFSC (que hoje leva o nome de Cau), interpretou o ato: "Contra a espetacularização da Polícia Federal, contra as acusações falsas, só um ato grandioso é que se contrapõe. Tirar a própria vida em defesa da honra".

Quando o Cau foi preso, muita gente apontou o dedo, foram lá na reitoria da Universidade Federal de Santa Catarina e picharam: "Cancellier, devolva os 80 milhões". No mesmo instante em que o reitor estava preso, picharam os muros da UFSC.

O reitor Jaime Arturo da UFMG me respondeu com as seguintes palavras: "Eu estou livre graças ao seu irmão".

Foram quatro bilhetes de testamento. Deixou um bilhete para a família, irmãos, eu e Júlio, um bilhete para o filho. Deixou um bilhete para um colega, professor da universidade. O bilhete para a família basicamente dizia: "Amo vocês demais, mas a dor que estou sentindo é maior do que qualquer outra força".

O bilhete que era seu testamento foi encontrado no bolso da calça quando seu corpo se lançou do sétimo andar. O bilhete era sintético, dizia: "A minha morte foi decretada quando fui banido da universidade". As implicações da acusação envolviam a perda do cargo, o banimento da universidade, não poder entrar na universidade e não poder conversar com ninguém da universidade. Achava que dificilmente voltaria a ter acesso e continuar sua carreira na universidade.

Durante a semana que fiquei com ele, me introduziu ao escritor israelense Amós Oz. Deu-me vários livros do Amós Oz. Quando pegamos o bilhete, estava escrito num pedaço de folha de livro rasgado, a última parte do livro que é em branco. Peguei o livro do Amós Oz. Quando o abri, na última página estava rasgado. Usou o autor para mandar o recado, o gesto de remeter seu bilhete escrito num autor que considerava muito.

Depoimento de Luís Nassif

Falo aqui a partir de uma vida inteira observando o casamento tóxico entre espetáculo midiático e punitivismo de Estado. Conheço de cor a fórmula: escolhe-se um vilão, empilham-se suposições, afina-se o roteiro para caber em manchete e, por fim, silencia-se tudo que destoe do script. O que nos trouxe até Cancellier não foi um acidente: foi a industrialização de um método.

A universidade, com sua linguagem própria, rubricas, diárias, reclassificações contábeis, a gambiarra honesta para manter de pé projetos com orçamento minguado, virou palco de um moralismo de auditório que confunde rotina com delito. O ponto cego era tão óbvio que cabia numa anedota doméstica: um parente meu, pesquisador que viajou a congresso, pagou do próprio bolso por uma passagem e depois penou para "devolver" a que lhe fora emitida, quase se enredando numa acusação. Quem conhece o dia a dia da academia sabe que esse é o tipo de ruído que gera papelada, não crime. Foi no terreno fértil desses ruídos que, por interesses estranhos em destruir nossa pesquisa, se fincou a narrativa "antiuniversidade", a universidade erigida como inimiga simbólica, suposto viveiro de imoralidade, para que o punitivismo pudesse desfilar de tocha na mão.

O que mais me marcou naquele ciclo foi a banalidade de gabinete, a naturalização do abuso como se fosse virtude cívica. Recordo a cena, não a pessoa, que pouco importa, de um procurador posando no site oficial: no escritório, a foto do filhinho sorrindo ao lado da esposa. A imaginação completa o resto, a pedagogia cruel do espetáculo doméstico, "olha o que o papai fez hoje", enquanto as imagens da humilhação coletiva corriam soltas no noticiário. Escrevi, à época, denunciando esses abusos; o que veio em resposta foi o velho juridiquês, onipotente e sem ciência, uma muralha de palavras para impedir o crivo público.

A morte de Cancellier foi o gesto político mais contundente daquele período, e justamente por isso foi escondida. Aquilo era manchete para abrir jornais e telejornais: uma denúncia com o próprio corpo, a recusa última à máquina de moer reputações e à violação de autonomia universitária. Mas não foi tratada assim. O silêncio foi quase unânime: um ou outro colunista dissonante, e só. O apagamento editorial não foi distração: foi escolha. Quando uma tragédia dessa magnitude não atravessa a couraça da imprensa, o problema não está no fato, está no espelho.

Diante daquele vazio, fomos atrás. Produzimos um documentário, com Patrícia Faermann no levantamento, cruzando dados, reouvindo vozes, reconstruindo o encadeamento de decisões que levaram àquele desfecho. A simbologia do ato me arrasa até hoje: Cancellier escolheu a cena pública, um shopping, com um filme que colocava Érika Marena como protagonista em cartaz, para fazer de sua despedida um grito audível, uma escrita de fogo numa parede que o país fingia não ver. Não era um bilhete secreto; era um letreiro urbano, uma aula sobre autonomia e pertencimento que nenhum editorial se dispôs a ler.

Muitos me perguntaram, depois, se esse gesto teria o condão de abreviar a era Lava Jato, como a morte de Herzog, involuntária e brutal, precipitou a consciência pública contra a ditadura. A analogia tem limites e pontes. Lembro de 1979, quando, durante a greve dos jornalistas, fui detido e encontrei, na porta do DOPS, Dom Paulo Evaristo Arns e Franco Montoro: eram anticorpos visíveis, autoridades morais velando a integridade de um preso. Na democracia recente, faltaram, muitas vezes, esses anticorpos no tempo certo; demoramos a entender que o Estado legal pode se corromper sob a couraça da legalidade. Ainda assim, o gesto de

Cancellier acendeu uma luz: deslocou o senso de vergonha, expôs o desmesurado, nomeou a violência.

Há quem chame de "teoria da conspiração" tudo que aponte para as dimensões geopolíticas desse período. Pois bem: escrevi sobre isso quando ainda era heresia, e ouvi de colunistas respeitáveis a cantilena do "lá vem ele, CIA, conspiração". Em 2015, quando comecei a mapear a interferência extraterritorial do arcabouço anticorrupção norte-americano, a reação foi de escárnio. O tempo tratou de recolocar as peças. Depois de 2008, a legislação anticorrupção acoplada ao dólar (e a jurisdição que ele arrasta) foi usada para enquadrar empresas, travar financiamentos, redesenhar cadeias de suprimentos, e abrir mercado "limpo" para quem viesse de fora. A academia demorou a metabolizar o tema; só quando vieram os primeiros livros é que muitos romperam sua inércia interior e aceitaram discutir o óbvio.

A lógica não surgiu aqui. A Operação Mãos Limpas testou, nos anos 1990, um manual: há corrupção em licitações? Abre-se a concorrência internacional e pronto, como se a "pureza" viesse carimbada na nota fiscal estrangeira. O resultado, na Itália, foi devastador para setores inteiros, especialmente aqueles em que as empresas italianas haviam ganhado tração global. Outro capítulo desse manual é a tática de mirar o "chefe da organização criminosa", dilacerar a solidariedade interna e coagular narrativas numa persona única. Essa gramática viajou, foi traduzida e, entre nós, serviu de base para devastar cadeias produtivas, desmontar a engenharia nacional e terceirizar o futuro industrial do país.

Quando o Brasil fechou com a França o acordo do submarino nuclear, o jogo mostrou outra face: ações judiciais e dossiês atravessaram o Atlântico mirando figuras centrais, como se o contencioso técnico pudesse ser transmutado, a golpes de manchete, em culpa política com efeitos industriais. Não é coincidência que, em paralelo, empresas estatais francesas sofreram pressões, mudanças societárias e reordenações estratégicas. Quem acompanha os bastidores da indústria de defesa sabe que o Direito, quando instrumentalizado, vira alavanca geopolítica, e que a página policial, nesse modelo, funciona como linha auxiliar da diplomacia de força.

No plano doméstico, emparelhou-se a isso uma ideologia de fazendão, que caricaturou a ciência como luxo e o engenheiro como peça dispensável. Não esqueço: Paulo Guedes chegou a dizer que o Brasil precisava de pedreiros, não de engenheiros; e Fernando Henrique, anos antes, repetira a ingenuidade de que a tecnologia "vem junto" com o equipamento importado, como se P&D fosse brinde de loja. Em paralelo, o câmbio barato anestesiava: ouvimos de empresários inovadores que, enquanto investiam em pesquisa, concorrentes preferiam importar máquinas prontas e, assim, inviabilizavam a continuidade dos laboratórios. Essa soma de ideologia e macroeconomia é um mata-burro para a ciência: desestimula o longo prazo, substitui a trajetória de aprendizado por atalhos de catálogo e quebra o arco que liga universidade, empresa e Estado.

Volto, então, ao coração do que nos trouxe aqui: a universidade tratada como ré primária de um tribunal moral. Em Santa Catarina, o que havia eram desencontros de rubrica, reclassificações, transportes e diárias em ambientes de penúria, as costuras do cotidiano acadêmico, transformados, à força de sirene, em "organização criminosa". Quando a poeira baixou e a narrativa virou fumaça, ninguém prestou contas pela encenação. Delegados seguiram suas carreiras, promotores mantiveram os holofotes, e parte da imprensa, que deveria ter pedido desculpas, preferiu trapacear a memória. A universidade, cuja autonomia não é ornamento constitucional, foi empurrada de coturno para dentro de um inquérito sem freios.

A pergunta que me assombra é simples: o que fazer com um gesto como o de Cancellier? Ele mesmo nos oferece a chave. Ao ser banido da UFSC, Cancellier disse com todas as letras, e com a própria vida, que a universidade não é prédio, é pertencimento; não é repartição, é comunidade; e que proibir um reitor de pisar no chão que ajudou a construir é negar-lhe identidade. Não há declaração de amor mais contundente à independência acadêmica do que essa. Essa frase lapidar, "ele se matou quando foi proibido de frequentar a universidade", é guia, epígrafe e exigência: ou protegemos a autonomia universitária como bem comum, ou aceitaremos que nossa democracia seja apenas a máscara legal de um arbítrio rotinizado.

Alguns dirão que a Lei Cancellier encerra esse capítulo. Não encerra. É um passo civilizatório, sim, mas insuficiente sem a reparação moral: memória, autocrítica e mudança de práticas. Não podemos naturalizar a cultura de "conduções coercitivas" como espetáculo e de coletivas policiais como tribunal. É preciso reeducar o sistema de Justiça na linguagem do limite e restituir à imprensa a humildade perdida, para que volte a ser crítica do poder, e não só seu teatro de sombras. Aqui, a universidade tem tarefa dupla: ensinar a paciência democrática e lembrar, todos os dias, que conhecimento não se produz sob medo.

Releio, sempre, aquele período com a inquietação de quem viu anticorpos morais aparecerem tarde. A comparação com Herzog não é para hierarquizar tragédias: é para reconhecer funções históricas. Herzog ilumina as masmorras; Cancellier ilumina a praça pública onde a humilhação se traveste de "serviço" e a legalidade se converte em álibi. Uma sociedade que esquece isso trai a si mesma.

Se querem saber como honrar Cancellier, digo o que aprendi com ele: reconstruir a ponte entre universidade e sociedade; recompor a musculatura da ciência brasileira; proteger o campus contra a sanha do espetáculo; e exigir, de todos os atores, imprensa, Ministério Público, Polícia Federal, tribunais, a coragem da autocrítica. Não se trata de impunidade; trata-se de rigor sem sadismo, justiça sem vaidade, lei sem apoteose. A democracia é uma forma de pudor: ela se mede pelo que recusa fazer, mesmo quando pode.

Volto ao princípio, ao que falei no começo. O linchamento moral virou método; Ouvidos Moucos foi sua aplicação mais sinistra no universo acadêmico; Cancellier, o corpo que recusou ser prova. A nós, cabe recusar o esquecimento. Que esse depoimento sirva como compromisso: não aceitar, nunca mais, que rubricas e planilhas sejam o pretexto para ferir a autonomia universitária; não aceitar, nunca mais, que a tragédia seja editada para caber na narrativa de quem manda. Enquanto houver quem escreva, filme, ensine, investigue e se levante, e há, Cancellier seguirá presente como lembrete e farol.

Depoimento de Eduardo Appio

Conheci Cancellier no doutorado. Era presença constante: discreto, exigente consigo mesmo, desses que demoram uma década para defender a tese por rigor, não por procrastinação. Vestia-se de modo simples, jeans gasto, camisa neutra, e falava pouco. Professor da UFSC, circulava sem cortejo. Não fomos amigos íntimos; fomos bons colegas, e isso nos bastou à época.

Anos depois, no trabalho, levei um choque: a notícia da prisão dele e de outros professores. O mandado fora autorizado pela juíza Janaína Cassol Machado. Na hora, pela minha experiência em criminal, concluí que a preventiva era desnecessária: Cancellier não tinha antecedentes, tinha residência fixa, era figura pública e não representava risco concreto. Prisão sem lastro vira espetáculo, e espetáculo em matéria penal cobra caro.

Escrevi, naquele mesmo dia, à juíza Marjôrie Cristina Freiberger, então na 6ª Vara Federal de Florianópolis, magistrada ponderada e experiente. No dia seguinte, ela revogou as prisões. Fez o que qualquer juiz minimamente prudente faria. Mas o dano simbólico já estava feito: holofotes, sirenes, manchetes. A humilhação pública não se desfaz por despacho.

A operação, Ouvidos Moucos, tinha, a meu ver, dois motores: carreirismo e guerra cultural. A investigação foi conduzida pela delegada Érika Mialik Marena. Naquele período, as universidades federais viraram alvo preferencial de um punitivismo que confundia campus com quartel-general "esquerdista". A UFSC, com prestígio no Direito e em áreas de excelência, virou símbolo: e símbolos, em cruzadas, apanham mais que pessoas.

Cancellier era um homem simples. Morava modestamente. Não tinha recursos para montar defesa criminal robusta. Sei que uma advogada próxima ao professor Luiz Henrique Cademartori o auxiliou sem cobrar honorários, desde a fase administrativa. Isso diz muito sobre o que os pares conheciam do caráter dele.

Lembro também da coreografia da mídia local. Houve cobertura intensa, e em Santa Catarina, naquele momento, a antiga operação catarinense do Grupo RBS já havia sido rebatizada como NSC Comunicação (agosto de 2017). A engrenagem do espetáculo estava azeitada.

A imagem que não me deixa é a do gesto final: Cancellier se matou no Beiramar Shopping, em Florianópolis, diante de um cinema que exibia *Polícia Federal: A Lei é para Todos* (2017), que tinha a delegada Érika Marena como protagonista. Não foi só desespero; foi um gesto político, um corpo dizendo "chega" à lógica do constrangimento como método.

Depois veio o debate legislativo. O senador Roberto Requião patrocinou a Lei de Abuso de Autoridade (Lei nº 13.869/2019), que passou a ser conhecida como "Lei Cancellier". Um avanço importante, ainda que incompleto. Também se previu o juiz de garantias no Pacote Anticrime (Lei nº 13.964/2019); a implementação nacional foi inicialmente suspensa por liminar no STF e, anos depois, a Corte modulou prazos. Norma sem mudança de mentalidade vira ornamento.

Algum tempo após aquele setembro, a roda me alcançou: em 2023, por razões de ofício, vivi pressões administrativas no TRF-4 enquanto tocava casos sensíveis envolvendo o desembargador Marcelo Malucelli e seu filho no tocante ao caso Tacla Duran. Não comparo minha situação à tragédia de Cancellier, de forma alguma, mas reconheço o mesmo caldo ideológico que transforma prudência em fraqueza e manchete em método.

Sigo convencido do essencial: a prisão de Cancellier foi um erro grave, previsível e evitável. Faltou técnica, sobrou ambição.

Universidade não é bunker; é projeto de país. Quando humilhamos reitores e desmontamos laboratórios, terceirizamos o futuro. Minha obrigação, ao escrever isto, é registrar responsabilidades, jurídicas, políticas e morais, para que ninguém mais precise saltar de um parapeito para ser ouvido.

Depoimento de Ledio

Senhoras e senhores, tentarei, num esforço grande, manter um mínimo de racionalidade, porque, confesso, neste momento, o sentimento, a emoção me tomam. Uma tristeza profunda me corrói por dentro. Uma raiva forte, uma indignação maior ainda dizem que temos de ir adiante, que não podemos parar, porque o momento que nosso país passa é grave, é perigoso e precisa de ação.

Acioli, Julinho [irmãos de Cancellier], que saudade da Rua Santos Dumont, onde morávamos quando crianças, onde passamos nossa juventude, onde jogávamos bola na rua e xadrez dentro de casa, nos dias de chuva, onde cometemos nossos primeiros crimes, temos de confessar, pois ali furtamos umas goiabas, também rosas para nossas namoradas.

Todos nós juntos, você era pequeno, Julinho, o Acioli um pouco mais velho, e eu e o Cau da mesma idade. Frequentamos o Colégio Dom Jaime de Barros Câmara, brincamos, brigamos, estudamos, porque éramos de família humilde, só tínhamos a nós e a nossa capacidade, e assim seguimos adiante.

Chegamos a esta universidade como alunos, alunos de direito, e enfrentamos a ditadura militar, a ameaça no governo. O reitor Hernani, que há pouco falou, administrava tendo de aturar na marra uma sala secreta dos agentes da polícia que nos fotografavam, que nos espionavam, que poderiam nos prender se escutássemos um Chico Buarque ou um Geraldo Vandré.

Que ironia a história e o destino, porque foi naquele hall da reitoria que eu, o Cau e tantos outros líderes estudantis, como o Adolfo, já falecido, o Jair Sulima, que jantamos junto com o Julinho lá em casa essa semana com o Cau, ali, naquele hall, fizemos as maiores assembleias do tempo da ditadura. Milhares e milhares de alunos sentavam no chão e nós usávamos a escada como palanque para denunciar a prepotência e para defender a autonomia e a liberdade da universidade pública e gratuita.

Sabíamos que não estávamos no Estado Democrático de Direito, sabíamos que poderíamos ser presos. Sabíamos que tivemos colegas e amigos presos, torturados e alguns assassinados, porque aquele era o regime que nos administrava. Mas não esmorecemos. Fizemos a nossa luta e ganhamos, porque acabamos com a ditadura. Ela terminou.

A vida seguiu. O Cau foi para Brasília acompanhar o combativo senador Vêneto. Voltou e terminou o seu curso de Direito. Fez mestrado, fez doutorado, e eu tive a honra de estar nas duas bancas dele. Discutíamos, conversávamos, estudávamos, pesquisávamos, porque sempre fomos contra o fundamentalismo, sempre fomos contra os argumentos fáceis, nécios, cheios de certeza, mas vazios, fórmulas vazias.

Trocamos de lado: de estudantes, passamos a professores desta casa. E como o Cau se orgulhava disso! Como ele gostava disso. Como ele tinha nisso a sua vida. Da vida humilde da Rua Santos Dumont, nosso querido Cau construiu outra vida. Típica de professor aqui em Florianópolis. Apartamento de professor, nem carro tinha. Vida de professor. Prática de professor.

Foi nessas condições que chegou a seu maior sonho: a reitoria desta universidade. Claro que todos nós temos vaidade, todos nós temos um ego e precisamos dele para viver o dia a dia. É claro que chegar a reitor tem um pouco de ambição de todos que lá chegaram, mas, acima de tudo, acima da ambição, o Cau tinha vocação. Tinha o desejo pelo ensino, tinha a vontade de fazer da UFSC o que estava fazendo, com a sua equipe: uma das maiores universidades deste país.

Vejam que coisa, senhoras e senhores: a ditadura não nos prendeu. E nós achávamos que a tínhamos derrubado. Cometemos um erro. Porque os ditadores de espírito nunca morrem. Eles estão sempre aí. Estão aqui, neste momento, alguns deles, esperando a hora de voltar. Sempre. Essa luta não acaba. Nunca acaba esta luta. E se descansarmos, eles voltam. Eles voltam.

Quando se fala em Estado Democrático de Direito, estamos falando de muito sangue, de muita luta, de conquistas feitas com o suor e com o esforço dos nossos antepassados. Quando se fala em ampla defesa, em Estado Democrático de Direito, em contraditório, isso não é brincadeira. Isso não é brincadeira. Esses néscios que estão por aí dizendo bobagem não sabem o que é uma ditadura, não sabem que eles serão os primeiros a clamar por Estado de Direito daqui a pouco.

Foi dentro dessas condições que o Cau se deparou com a mais perfeita ditadura, que é a ditadura feita em nome da moral, que é a ditadura feita em nome da justiça, que é a ditadura feita em nome da democracia.

É claro que um Estado democrático de direito precisa de imprensa livre. É claro que um Estado democrático de direito precisa de independência do judiciário, que o judiciário e os juízes julguem livremente, sem pressão. Só que também é claro que essas instituições absolutamente importantes para a democracia, a cada dia, a cada momento, são deturpadas.

Em nome da liberdade de imprensa, exerce-se a liberdade de empresa privada para impor desejos privados à coletividade. Em nome da liberdade de julgar, neofascistas humilham, destroem, matam.

Como professor de criminologia, levei, uma vez, meus alunos à penitenciária daqui. Levaram-me ao setor de segurança máxima, onde o Cau passou uma noite. Tive uma crise de pânico pela opressão arquitetônica. Não aguentei. Saí correndo de lá. Fiquei a imaginar, e eu estava lá por livre e espontânea vontade, com meus alunos. Fiquei a pensar: e se tivesse tirado a minha roupa? E se tivesse me feito uma revista íntima? E se tivesse me acorrentado nos pés e nas mãos? Eu morreria lá naquela noite. Eu não sairia de lá vivo. E o Cau saiu. E o Cau saiu.

O Cau que sempre lutou com flores na mão contra canhões, que sempre usou a palavra contra a insensatez, que sempre conversou e que nunca causou mal a ninguém, acabou encontrando a pior das ditaduras lhe oprimindo. Acabou encontrando aquilo que nenhum de nós quer passar.

Termino falando: o Cau sempre foi um professor e morreu como professor, nos dando a última lição. A última lição do nosso mestre foi de que contra a mais absoluta injustiça, contra o terrorismo de Estado, só a tragédia pode chamar a atenção de uma população que vive uma histeria coletiva. Só a tragédia. Só a tragédia.

Esta noite, com dificuldade de dormir, fiquei a pensar: quando a humanidade errou e não parou Hitler no momento certo? Quando a humanidade errou e não parou Mussolini no tempo certo? E fiquei pensando: eles estão de volta. Será que vamos errar de novo e vamos deixá-los tomar o poder? Para termos de trocar as flores por armas e fazer outra guerra para derrubá-los? Será que já não basta? Será que já não é hora de todos nós nos unirmos e exigirmos consequências, se a família assim quiser, de irmos até as últimas consequências pedindo que sejam apurados esses atos de arbitrariedade? Já não é hora de dizer "pare"?

Bertolt Brecht já nos disse: já estão levando não só os vizinhos, já estão levando os nossos amigos próximos e vão nos levar.

A vida é isso, companheiros. É luta permanente. E a democracia não permite descanso. Não permite descanso.

Eu, hoje, como professor da UFSC, sou uma pessoa que tem orgulho e alegria. Como desembargador, tenho vergonha.

Porcos e homens se confundem. Fascistas e democratas usam as mesmas togas. Eles estão de volta. Temos de pará-los. Vamos derrubá-los novamente.

Depoimento de Wilson Ramos Filho (Xixo)

Sou professor de universidade pública há quase três décadas e conheço profundamente o funcionamento dessas instituições. Quando vi, pela primeira vez, a acusação feita contra o reitor Luiz Carlos Cancellier, percebi de imediato que não havia a menor possibilidade de aquilo ser verdadeiro. Não só pelos valores absurdos que se ventilavam, inexistentes na realidade de nossas gestões, mas porque tal prática simplesmente não condiz com a vida universitária.

Reitores são eleitos pela comunidade acadêmica, disputam votos com outros professores, e, ao longo do mandato, são permanentemente fiscalizados por adversários, colegas, órgãos de controle e pela própria rotina administrativa. É um cargo em que cada ato é escrutinado. Na Universidade Federal do Paraná, onde atuo, a lógica é a mesma: eleição acirrada, vencedor sob vigilância, perdedores atentos a cada movimento. Bancas, conselhos, servidores e docentes, todos observam e cobram. Não há espaço para desviar valores vultosos ou sustentar práticas ilícitas sem que rapidamente se torne público.

Por isso, ao me deparar com a dimensão daquelas supostas ilegalidades em Santa Catarina, pensei: ou o número estava errado, ou havia outro interesse por trás. Com o tempo, compreendi: tratava-se de mais uma peça no projeto ideológico de destruição da universidade pública.

A retórica que se seguiu era previsível. Ministros da Educação de então, seguidores de Bolsonaro, reproduziam narrativas caricatas: que dentro das universidades se "plantava maconha" ou se vivia de "libertinagem". É um discurso que encontra eco fácil na extrema-direita. Comparo-os à "turma do fundão" da sala de aula, não aqueles que só fazem bagunça, mas os que sequer entraram na faculdade e nutrem rancor por não terem entrado. Transformam esse ressentimento em ataque sistemático às federais, repetindo que nelas "só há greve e bandido". No caso Cancellier, encontraram um bode expiatório perfeito para alimentar a legião de incautos que acreditavam na Lava Jato como cruzada moral contra a corrupção.

A escolha de Santa Catarina não foi ao acaso: ali havia forte concentração de lavajatistas e bolsonaristas. O reitor foi alvo porque reunia as características ideais para sustentar a farsa: servidor público de alto posto, legitimado por eleição, e, aos olhos deles, símbolo daquilo que queriam desmoralizar. Para mim, desde o início, tratou-se de uma montagem ideológica.

A cada detalhe que descobria, a convicção se reforçava. Quando percebi que a delegada responsável pela operação, assim que Moro assumiu o Ministério da Justiça, foi chamada a compor sua equipe de confiança, a engrenagem se mostrou inteira: proximidade ideológica e instrumentalização política. Não era apuração séria; era ataque com motivação definida.

Muitos se perguntam se houve, ali, também uma dimensão geopolítica, um ataque coordenado à pesquisa científica, parte de um projeto estrangeiro para manter o Brasil como fornecedor de commodities. Gostaria de poder sustentar essa hipótese, mas minha leitura é mais direta: tratou-se de guerra cultural interna. A universidade pública é espaço de produção de inteligência, e, para essa extrema-direita, inteligência é "coisa da esquerda". Destruir a reputação das universidades era objetivo em si. Eles sabiam que a acusação era mentira; queriam apenas desmoralizar. O que não previram foi o suicídio de Cancellier, e isso os fez recuar. A tragédia expôs, para parte da sociedade, a crueldade da encenação.

No primeiro dia de operação, ficou claro o conluio entre Polícia Federal, Ministério Público Federal, Judiciário e imprensa corporativa. A Lava Jato não existiria sem a simbiose entre esses dois pilares: a extrema-direita incrustada no aparato repressivo do Estado e a mídia, responsável por repetir, diariamente, as versões que lhe eram plantadas. A prisão de Cancellier foi desenhada para ser espetáculo midiático, pois a finalidade era política.

A morte do reitor poderia ter sido um divisor de águas na percepção pública sobre abusos de autoridade. Gostaria de dizer que foi, mas não tenho esse otimismo. Metade da população brasileira está contaminada pela crença punitivista: imaginam que leis mais duras reduzem o crime, que menos garantias significam mais segurança. É a lógica que alimenta fascismos. Estimo que um terço da população economicamente ativa no Brasil seja de extrema-direita, fascistas que não se reconhecem como tal. Proporcionalmente, são mais numerosos que os nazistas na Alemanha de Hitler ou os fascistas na Itália de Mussolini. Não há diálogo com essas pessoas; não existem "ex-fascistas". Essa mentalidade só desaparecerá com o tempo, e com a morte biológica dessa geração.

Por isso, insisto no caráter pedagógico dessa história. As injustiças contra Cancellier precisam ser contadas e recontadas, não como "narrativa", mas como fatos incontestáveis: ele não era corrupto; houve um processo inventado; os objetivos foram ideológicos; e ele foi levado à morte. É uma disputa de pedagogias: de um lado, nós, democratas, buscando impedir que se repita; do outro, aqueles que negam, distorcem e reinventam a história.

O Museu da Lava Jato, que ajudo a conduzir, existe com essa finalidade pedagógica. Queremos preservar provas e memórias para que, daqui a 20, 30, 40 anos, nossos netos entendam o que ocorreu, assim como jovens alemães hoje perguntam a seus avós como puderam apoiar o nazismo. A tragédia de Cancellier será lembrada como exemplo do que o fascismo, mesmo travestido de "justiça", é capaz de fazer.

Se sua morte não foi o golpe final na Lava Jato, certamente contribuiu para expor suas deformações. Sem a Vaza Jato, Lula talvez ainda estivesse preso, e Moro, intocado. Mas o suicídio do reitor mostrou a dimensão humana do estrago: não era um "dano colateral", era a prova viva de que a farsa tinha vítimas de carne e osso.

Nosso trabalho, seja com peças teatrais, documentários ou publicações, é manter essa memória acesa. Porque, ao contrário do que muitos pensam, não é apenas o passado que está em disputa: é o futuro das universidades, da pesquisa, da democracia brasileira. E contar a história de Cancellier é, acima de tudo, impedir que a barbárie se naturalize outra vez.

Depoimento de Luiz Henrique Cademartori

Luiz Carlos Cancellier foi, antes de tudo, um homem simples. De hábitos discretos, quase ascéticos, vivia em um pequeno apartamento diante da universidade que era o centro de sua vida. Não tinha carro, sequer sabia dirigir; caminhava todos os dias até o campus: o percurso parecia compor seu rito silencioso de pertencimento. Sua existência estava inteiramente ligada à UFSC, e não se pode compreender esse homem sem compreender essa entrega.

No plano intelectual, dedicava-se a pesquisas em Direito e Literatura, chegou a publicar, mantinha contatos na Espanha, coordenava grupos de pesquisa. Era um professor aplicado, de presença sólida, embora não buscasse o brilho das vitrines acadêmicas. Onde verdadeiramente se revelou foi na gestão universitária. Chefiou departamento, dirigiu centro, alcançou a reitoria. E em cada função demonstrou uma competência rara, serena, sempre movida não por ambição, mas por um senso profundo de responsabilidade coletiva. Eu o acompanhei de perto, inclusive em sua campanha à reitoria, e vi de dentro o homem que, com pouquíssimos recursos, foi capaz de realizar mais do que tantos gestores munidos de verbas abundantes.

A tragédia que o ceifou nasceu de algo miúdo, quase banal: uma disputa de bolsas em um curso de Educação a Distância. Pequenos ressentimentos, mesquinharias, transformados, pela má-fé de um corregedor ressentido, em acusações graves. Foi instaurada contra ele uma investigação secreta, instrumento jurídico de contornos inconstitucionais, que o investigava sem que tivesse sequer o direito de defesa. Cancellier, alarmado com o bloqueio de verbas do MEC, buscou, como lhe permitia a prerrogativa de reitor, acesso ao processo. O gesto foi legítimo, de boa-fé, mas interpretado perversamente como obstrução. E assim se armou o espetáculo: a invasão da universidade, a sua prisão arbitrária, a exposição pública. Nunca se provou nada. Nunca se encontrou um único centavo malversado. Tratou-se apenas de encenação cruel, engrenagem de um estado policialesco que a Lava Jato havia instaurado e que a grande mídia alimentava.

Para um homem cuja vida era a universidade, ser afastado dela foi equivalente a ser privado do próprio ar. Seu gesto extremo — atirar-se diante de um cinema que exibira, com tintas apologéticas, a farsa da Lava Jato e da delegada responsável por sua prisão — não foi apenas um desespero íntimo. Foi também um ato político. Um grito último, radical, contra a engrenagem que o esmagava. Um gesto sacrificial, como um míssil lançado contra a máquina de perseguição que se tornara a justiça naquele tempo.

E, paradoxalmente, teve efeito. Sua morte freou, em ampla medida, a sanha persecutória por meios jurídicos duvidosos contra as universidades. Estudantes que o acusavam, cegos pelo clima de suspeita generalizada, vieram pedir perdão no velório. Recordo-me da missa de sétimo dia: a imprensa, que até então o massacrava, começava a rever sua narrativa. Li naquele domingo palavras de defesa vigorosa, críticas severas à arbitrariedade cometida. Ali percebi que seu gesto não havia sido em vão.

Cancellier não era herói de epopeia, tampouco buscava sê-lo. Era um homem comum, modesto, de grande valor. Viveu com discrição, morreu com coragem. Sua morte revelou, em toda a sua brutalidade, o que significa um estado de exceção disfarçado de legalidade. E mostrou, também, que mesmo os discretos, os aparentemente frágeis, podem, em um instante decisivo, transformar a própria vida em denúncia.

Linha do Tempo: Uma Vida Interrompida pelo Lavajatismo

Esta linha do tempo detalha os principais eventos relacionados à vida de Luiz Carlos Cancellier de Olivo, à Operação Lava Jato, e ao fenômeno do *lawfare* no Brasil.

1940s

- Década de 1940: O Colégio Dehon, onde Luiz Carlos Cancellier estudou, é fundado e administrado pelos padres da Congregação do Sagrado Coração de Jesus.

1958

- 13 de maio de 1958: Luiz Carlos Cancellier de Olivo nasce em Tubarão, Santa Catarina.

1960s

- Anos 1960: Luiz Carlos Cancellier vive sua infância durante os turbulentos anos de início do regime militar no Brasil, testemunhando discussões sobre justiça e democracia.

1974

- 1974: Acontece a grande enchente de Tubarão, que marca a juventude de Cancellier e reforça sua fé na solidariedade e resistência.

1977

- 1977: Luiz Carlos Cancellier ingressa no curso de Direito da Universidade Federal de Santa Catarina (UFSC). Ele se envolve ativamente no movimento estudantil de oposição à ditadura militar.

1978-1979

- 1978-1979: Cancellier participa da Campanha pela Anistia.

1979

- 30 de novembro de 1979: Cancellier participa da "Novembrada", uma grande manifestação em Florianópolis contra a ditadura militar, que resulta em conflitos e prisões.

- Final de 1979: Devido à perseguição política, Cancellier é pressionado a sair da UFSC, suspendendo seus estudos para dedicar-se à luta pela redemocratização.
- 1979: Cancellier participa do congresso de reconstrução da UNE (União Nacional dos Estudantes) em Salvador.

1980s

- 1980: Cancellier começa a trabalhar como jornalista no jornal O Estado (periódico catarinense já extinto).
- 1983: Cancellier entra na mira dos órgãos de informação do regime militar, sendo monitorado pelo serviço secreto de Santa Catarina e pelo SNI devido às suas atividades jornalísticas e políticas.
- 1983-1984: Cancellier engaja-se nas manifestações pelas eleições diretas para presidente, participando de atos do Movimento Diretas Já.
- 1985: Cancellier apoia a candidatura de Tancredo Neves no colégio eleitoral, que marcou o fim do regime militar.
- 6 de junho de 1987: Nasce Mikhail, filho de Luiz Carlos Cancellier e Cristiana.
- 1987-1988: Cancellier participa das mobilizações em torno da nova Constituição, acompanhando de perto os debates da Assembleia Nacional Constituinte.
- 1988: Cancellier deixa o jornal O Estado para se tornar assessor de imprensa na campanha vitoriosa de Nelson Wedekin ao Senado Federal.

1990s

- Início dos anos 1990: Cancellier atua na administração pública de Santa Catarina, integrando as equipes dos governadores Pedro Ivo Campos (1987-1990) e Casildo Maldaner (1990-1991).

- 1992-1994: Cancellier serve oficialmente como assessor parlamentar no Senado para Nelson Wedekin.
- 1992: Cancellier adere aos protestos pelo impeachment do então presidente Fernando Collor de Mello, ao lado dos "caras-pintadas".
- 1995-1996: Cancellier decide retomar seus estudos formais em Direito na UFSC, reingressando no curso em 1996.
- 1998: Cancellier conclui sua graduação em Direito na UFSC.

2000s

- 2001: Cancellier obtém o título de mestre em Direito pela UFSC.
- 2001: Charles J. Dunlap Jr. cunha o termo "lawfare".
- 2003: Cancellier obtém o título de doutor em Direito pela UFSC.
- 2003: Sergio Moro assume a 13ª Vara Federal Criminal em Curitiba.
- 2004: Documentos do WikiLeaks revelam que a embaixada estadunidense alertava sobre a necessidade de "reorientar prioridades bilaterais" no Brasil para áreas de maior influência.
- Junho de 2005: O escândalo do Mensalão emerge com a denúncia de Roberto Jefferson.
- 2005: O Instituto Millenium é criado.
- 2006-2007: A Petrobras anuncia a descoberta das reservas do pré-sal.
- 2007: O Projeto Pontes é lançado como parte do programa OPDAT do Departamento de Justiça dos EUA

para "capacitação" de operadores do sistema de justiça brasileiro.

- Setembro de 2007: O módulo de abertura do Projeto Pontes reúne delegações de Argentina, Chile, Colômbia, Peru e Uruguai.
- 2007: A Transparency International estabelece filial brasileira com recursos da Open Society Foundations e National Endowment for Democracy.
- 2007: O movimento "Cansei" é liderado por João Doria Jr.
- 2008: Operação Satiagraha, conduzida pelo juiz Fausto De Sanctis, serve como teste experimental para técnicas de *lawfare*.
- Fevereiro de 2008: Laptops e disco rígido com dados sigilosos do campo de Tupi são furtados no Porto do Rio.
- 2009: A Procuradoria-Geral regulamenta a "força-tarefa permanente" no Brasil.
- Outubro de 2009: Telegrama de Clifford Sobel celebra o "sucesso" da primeira conferência do Projeto Pontes no Rio.
- 2009-2013: Karine Moreno-Taxman atua como assessora jurídica residente na embaixada dos EUA no Brasil.

2010s

- 2010: A Lei 12.351/2010 institui o regime de partilha para áreas do pré-sal, priorizando a Petrobras.
- 2013: Revelações de Edward Snowden comprovam que a Petrobras e o gabinete presidencial de Dilma Rousseff figuravam como alvos prioritários da NSA.
- 2013: Deltan Dallagnol participa de programa de intercâmbio em Harvard.
- 2013: A Lei 12.850/13 é elaborada com assessoria estadunidense, incorporando a delação premiada.

- Março de 2014: A Operação Lava Jato explode com a descoberta do esquema de lavagem de dinheiro de Alberto Youssef. O Movimento Brasil Livre (MBL) é fundado.
- Setembro de 2014: Kenneth Blanco (DoJ) estabelece linha direta de comunicação com Deltan Dallagnol.
- Novembro de 2014: A força-tarefa da Lava Jato solicita informações sobre contas da Petrobras no JPMorgan Chase diretamente a procuradores de Nova York.
- Março de 2015: Manifestações pró-Lava Jato, organizadas pelo MBL e Vem Pra Rua, levam milhões às ruas.
- Maio de 2016: Luiz Carlos Cancellier toma posse como Reitor da UFSC, com o propósito de pacificar e reestabelecer a confiança acadêmica.
- Junho de 2015: Executivos da Odebrecht são presos simultaneamente em uma operação da Lava Jato.
- 5 de outubro de 2015: Representantes do DoJ e FBI desembarcam em Curitiba para reunião não autorizada com a força-tarefa da Lava Jato.
- Novembro de 2015: Mensagens interceptadas revelam coordenação direta entre Sergio Moro e autoridades estadunidenses.
- Dezembro de 2016: Acordo da Odebrecht com autoridades estadunidenses resulta em multa bilionária, com a maior parte dos recursos destinados aos EUA.
- Dezembro de 2016: A Operação PhD é deflagrada na UFRGS, investigando supostos desvios de recursos.
- Fevereiro de 2017: A Operação Research é deflagrada na UFPR, investigando desvios de verbas de bolsas acadêmicas.
- Setembro de 2017: A Operação Ouvidos Moucos é deflagrada pela Polícia Federal na UFSC, com prisão preventiva de Luiz Carlos Cancellier.

- 14 de setembro de 2017: Cancellier é preso preventivamente sob acusação de obstrução da justiça.
- 15 de setembro de 2017: Cancellier é solto por decisão judicial, mas proibido de frequentar a UFSC ou contatar funcionários.
- 28 de setembro de 2017: Cancellier publica o artigo "O Reitor Exilado".
- 1º de outubro de 2017: Cancellier vai ao Beira-Mar Shopping, onde havia um filme enaltecendo a Lava Jato em cartaz.
- 2 de outubro de 2017: Luiz Carlos Cancellier comete suicídio, saltando do sétimo andar do Beira-Mar Shopping em Florianópolis.
- Novembro de 2017: Operação Estirpe (UFTM) e Operação Acrônimo (UFJF) são deflagradas.
- Dezembro de 2017: A Operação Torre de Marfim é deflagrada na UFSC, e a Operação Esperança Equilibrista na UFMG.
- Dezembro de 2018: O Comitê de Direitos Humanos da ONU emite recomendação para o Brasil assegurar os direitos políticos de Lula.
- Agosto de 2018: A Justiça Federal rejeita a denúncia contra os envolvidos na Operação Ouvidos Moucos, incluindo Cancellier postumamente, por falta de provas.
- 13 de março de 2018: A Operação 14 Bis é deflagrada na UTFPR, investigando fraudes em licitações.
- Junho de 2019: O The Intercept Brasil vaza as mensagens da "Vaza Jato", revelando coordenação ilegal entre Moro e procuradores.
- 21 de março de 2019: A Operação Alforje é lançada na UFRGS, investigando desvios de recursos.
- 5 de setembro de 2019: A Lei de Abuso de Autoridade (Lei 13.869/2019), conhecida como "Lei Cancellier", é

sancionada pelo Presidente da República, após ser proposta pelo senador Renan Calheiros em 2016 e baseada em texto de 2009 de Raul Jungmann.

2020s

- 2020: Auditoria do TCU sobre a Lava Jato identifica irregularidades graves nos gastos da força-tarefa.
- Fevereiro de 2021: Augusto Aras anuncia o desmonte oficial da força-tarefa da Lava Jato.
- Abril de 2021: Gilmar Mendes declara a suspeição de Sergio Moro no caso de Lula.
- 3 de junho de 2021: Altos funcionários do governo Biden admitem envolvimento direto da "comunidade de inteligência" no que denominam "War on Corruption".
- 2022: Ex-reitores de universidades federais lançam manifesto conjunto pedindo "justiça e reparação" pela memória de Luiz Carlos Cancellier.
- 2023: O Tribunal de Contas da União (TCU) inocenta postumamente Luiz Carlos Cancellier e arquiva o processo sobre a UFSC, não encontrando ilícitos.
- 2023: O Presidente Lula e o Ministro da Justiça, Flávio Dino, reconhecem publicamente as arbitrariedades no caso Cancellier.
- 26 de abril de 2023: Em audiência na 1ª Vara Federal de Florianópolis, Simone Machado Moretto Cesconetto revela que seu depoimento na Operação Ouvidos Moucos foi forjado por Erika Marena.
- Julho de 2023: Irineu Manoel de Souza, reitor da UFSC, declara que "o professor Cancellier foi uma vítima; a prisão dele foi um ato arbitrário".
- Setembro de 2023: Dias Toffoli anula o acordo de leniência da Odebrecht, classificando a prisão de Lula como

"armação" e "um dos maiores erros judiciários da história do país".

Cast de Personagens Principais Figuras Centrais

- Luiz Carlos Cancellier de Olivo ("Cau"): Reitor da Universidade Federal de Santa Catarina (UFSC) a partir de maio de 2016. Jurista, professor de Direito, mestre e doutor pela UFSC. Militante político na juventude, jornalista e assessor parlamentar antes de sua carreira acadêmica. Foi preso preventivamente na Operação Ouvidos Moucos em setembro de 2017, acusado de obstrução de justiça, e proibido de retornar à universidade. Cometeu suicídio em 2 de outubro de 2017, deixando um bilhete que dizia: "A minha morte foi decretada quando fui banido da universidade!!!". Postumamente inocentado pelo Tribunal de Contas da União (TCU) em 2023. Tornou-se símbolo dos excessos do *lavajatismo*.

Agentes e Instituições da Operação Ouvidos Moucos e Lava Jato

- Erika Mialik Marena: Delegada da Polícia Federal que coordenou a Operação Ouvidos Moucos na UFSC. Conhecida por sua atuação na Lava Jato. Foi duramente criticada e responsabilizada pela morte de Cancellier. Acusada de forjar depoimentos e de dar entrevistas espetaculosas antes da apuração dos fatos.
- Rodolfo Hickel do Prado: Corregedor-geral da UFSC à época da Operação Ouvidos Moucos. Responsável por

levar as denúncias ao Ministério Público que motivaram a operação. Tinha histórico de seis processos judiciais, incluindo condenações por difamação, agressão e abuso de autoridade. Considerado um adversário político de Cancellier na universidade.

- Sergio Moro: Juiz federal que assumiu a 13ª Vara Federal Criminal em Curitiba em 2003. Central na Operação Lava Jato, participou de seminários do Projeto Pontes. Foi acusado de parcialidade e de coordenar ações com a acusação, o que levou à anulação das condenações de Lula pelo STF. Tornou-se posteriormente senador.
- Deltan Dallagnol: Procurador que coordenou a força-tarefa da Lava Jato em Curitiba. Participou de programa de intercâmbio em Harvard. Manteve contato direto e irregular com autoridades estadunidenses e jornalistas, revelado pela Vaza Jato. Perdeu seu cargo no Ministério Público.
- Janaina Cassol: Juíza que expediu os mandados de prisão na Operação Ouvidos Moucos e transferiu a prerrogativa de libertar os presos para a delegada Erika Marena.
- Polícia Federal (PF): Instituição responsável por deflagrar as operações contra as universidades e a Lava Jato. Acusada de espetacularização, uso de métodos arbitrários e violação de direitos fundamentais.
- Ministério Público Federal (MPF): Órgão acusador nas operações. Acusado de acolher denúncias vazias e de agir em coordenação com a PF e o Judiciário de forma irregular.
- Tribunal de Contas da União (TCU): Órgão de controle que, em 2023, inocentou postumamente Cancellier e arquivou o processo sobre a UFSC por não encontrar ilícitos.
- Controladoria-Geral da União (CGU): Órgão que participou de operações conjuntas e produziu relatórios que

serviram de base para as investigações, mas que, em alguns casos, não apontaram materialidade para as acusações.

Colegas, Familiares e Apoios de Cancellier

- Acioli Cancellier: Irmão mais velho de Luiz Carlos Cancellier. Conviveu intensamente com o reitor após sua soltura e testemunhou seu sofrimento e a decisão de cometer suicídio.
- Júlio Cancellier: Irmão caçula de Luiz Carlos Cancellier. Também acompanhou de perto os últimos dias do reitor.
- Prof. Áureo: Chefe de Gabinete de Luiz Carlos Cancellier na reitoria da UFSC. Foi uma das pessoas mais próximas do reitor e testemunha ocular dos eventos que levaram à Operação Ouvidos Moucos e à morte de Cancellier. Também foi alvo de perseguição por Erika Marena, mas absolvido.
- Prof. Eduardo Lobo: Professor da UFSC, que dividiu cela com Cancellier na carceragem da Polícia Federal. Testemunhou o tratamento e as condições da prisão.
- Prof. Álvaro Lesana: Diretor-geral do gabinete de Cancellier na reitoria da UFSC. Figura próxima e de confiança do reitor, compartilhava uma vivência maçônica com ele.
- Cristiana: Esposa de Luiz Carlos Cancellier. Diagramadora, que conheceu Cancellier no jornal O Estado.
- Mikhail Cancellier: Filho de Luiz Carlos e Cristiana. Nomeado em homenagem a Mikhail Gorbachev e Mikhail Bakhtin. Recebeu um depósito de R$ 7 mil na conta, que foi usado como "pedalada administrativa" pela investigação. Indiciado e fez um acordo com o Ministério Público para se livrar do processo.

- Professora Alacoque Erdmann: Companheira de chapa de Cancellier na eleição para a Reitoria da UFSC em 2015.
- Professora Graziella: Professora de Odontologia, a quem Cancellier pediu que verificasse a possibilidade de atender um detento que precisava de tratamento dentário, em um bilhete escrito da prisão.
- Marcos Dalmau, Gilberto Moritz, Rogério Nunes, Roberto da Mota (ou da Mata): Professores da UFSC que foram presos preventivamente junto com Cancellier na Operação Ouvidos Moucos.
- Irineu Manoel de Souza: Reitor da UFSC que sucedeu Ubaldo e declarou oficialmente em 2023 que "o professor Cancellier foi uma vítima; a prisão dele foi um ato arbitrário".
- Ubaldo Baltazar: Professor decano que assumiu como reitor *pro tempore* após a renúncia da vice-reitora e, posteriormente, foi eleito reitor. Manteve a equipe de Cancellier e apoiou os professores investigados.
- Desembargador Ledio Rosa de Andrade: Amigo de Cancellier, que proferiu um discurso fúnebre interpretando o suicídio como um ato de defesa da honra.
- Nelson Wedekin: Senador federal por Santa Catarina (1987-1995), de quem Cancellier foi assessor. Escreveu o artigo "As Mãos que Empurraram o Reitor" após a morte de Cancellier, identificando os fatores que contribuíram para a tragédia.

Figuras Políticas e Públicas

- João Figueiredo: Presidente-general do Brasil na época da Novembrada (1979).
- Luís Carlos Prestes: Líder comunista brasileiro, inspiração para o nome de Luiz Carlos Cancellier.
- Pedro Ivo Campos: Governador de Santa Catarina (1987-1990) de cuja equipe Cancellier fez parte.
- Casildo Maldaner: Governador de Santa Catarina (1990-1991) de cuja equipe Cancellier fez parte.
- Fernando Collor de Mello: Presidente do Brasil que sofreu impeachment em 1992, apoiado por Cancellier e pelos "caras-pintadas".
- Roberto Jefferson: Deputado do PTB-RJ que fez a denúncia do Mensalão em junho de 2005.
- Joaquim Barbosa: Ministro do STF que se tornou "herói nacional" na narrativa midiática do julgamento do Mensalão.
- Ricardo Lewandowski: Ministro do STF que liderou efetivamente o julgamento do Mensalão, mas sua atuação foi ofuscada pela narrativa midiática focada em Barbosa.
- George W. Bush: Presidente dos EUA, sob sua doutrina houve expansão dos poderes investigativos e foco no combate ao financiamento do terrorismo.
- Barack Obama: Presidente dos EUA, que reposicionou o combate à corrupção como prioridade de segurança nacional e visitou instalações da Petrobras.
- Dilma Rousseff: Presidente do Brasil, alvo de espionagem da NSA e de grampo ilegal pela Lava Jato. Seu impeachment é enquadrado no contexto do *lawfare*.
- Lula (Luiz Inácio Lula da Silva): Presidente do Brasil, cujos governos sinalizaram uma reorientação geopolítica

que inquietou os EUA. Foi alvo central da Lava Jato, preso e condenado em processo posteriormente anulado pelo STF. Em 2023, reconheceu publicamente a "aberração jurídica e policial" no caso Cancellier.

- Manuel Zelaya: Ex-presidente de Honduras (2005-2009), deposto por um golpe em 2009, que é apresentado como um ensaio do *lawfare* jurídico-midiático.
- Roberto Micheletti: Assumiu como presidente interino de Honduras após o golpe que depôs Zelaya.
- Fernando Lugo: Ex-bispo e presidente do Paraguai (2008-2012), destituído em 2012 por um impeachment considerado um aperfeiçoamento da técnica de *lawfare*.
- Federico Franco: Vice-presidente que assumiu a presidência do Paraguai após o impeachment de Lugo.
- Horacio Cartes: Empresário que retornou o Partido Colorado ao poder no Paraguai em 2013, após a administração de Franco.
- Kenneth Blanco: Vice-procurador-geral assistente do Departamento de Justiça (DoJ) dos EUA, que estabeleceu linha direta de comunicação com Dallagnol.
- Leslie Backschies: Agente especial designada como *liaison* permanente entre o FBI e a força-tarefa da Lava Jato.
- Teori Zavascki: Ministro do STF que cassou a decisão de Moro de divulgar o grampo ilegal de Lula e Dilma, classificando a conduta como "flagrantemente inconstitucional".
- Eduardo Cunha: Deputado, que anunciou a aceleração do impeachment de Dilma Rousseff.
- Gilmar Mendes: Ministro do STF que criticou os excessos investigativos da Lava Jato, citando o caso Cancellier, e que declarou a suspeição de Moro no caso de Lula.
- Dias Toffoli: Ministro do STF que, em 2023, anulou o acordo de leniência da Odebrecht e classificou a prisão

de Lula como "armação" e "um dos maiores erros judiciários da história do país".

- Augusto Aras: Procurador-Geral da República que anunciou o desmonte oficial da força-tarefa da Lava Jato em fevereiro de 2021.
- Flávio Dino: Ministro da Justiça do governo Lula, que apurou as irregularidades na conduta dos agentes públicos no caso Cancellier.
- Senador Contarato: Parlamentar que questionou no Congresso se os agentes que perpetraram crimes contra Cancellier pagariam por seus atos.
- Deputada Gleisi Hoffmann: Denunciou publicamente o tratamento dado a Cancellier pela Operação Lava Jato, afirmando sua inocência.
- Carmen Lúcia: Ministra do STF, que em 2017, comentou genericamente sobre a inadmissibilidade de "execuções antecipadas de pena".

Outras Figuras e Organizações

- Salvio Kotter: Autor da obra "Uma Vida Interrompida pelo lavajatismo".
- Vitorio Lorenzi Cancellier: Pai de Luiz Carlos Cancellier, operário na CSN, homem culto, politizado e agnóstico, que incutiu no filho a importância do estudo e da reflexão.
- Madalena Furlan: Mãe de Luiz Carlos Cancellier, costureira, que o impelia a valorizar as raízes culturais italianas.
- Leio: Melhor amigo de infância de Cancellier no Colégio Dehon.
- Alberto Youssef: Cambista cujo esquema de lavagem de dinheiro foi o ponto de partida oficial da Operação Lava Jato. Tornou-se colaborador da justiça.

- Paulo Roberto Costa: Ex-diretor da Petrobras, cuja delação premiada foi um marco inicial na metodologia da Lava Jato.
- Marcelo Odebrecht: Executivo da Odebrecht, cuja delação foi central para a Lava Jato após meses de prisão preventiva.
- João Doria Jr.: Liderou o movimento "Cansei" em 2007.
- Renan Santos: Co-fundador do MBL, ligado ao Students for Liberty e Atlas Network.
- Rogério Chequer: Líder do Vem Pra Rua.
- Associação Nacional dos Dirigentes das Instituições Federais de Ensino Superior (Andifes): Entidade que cobrou investigação rigorosa dos abusos cometidos no caso Cancellier.
- OAB-MG: Entidade que repudiou a ação da Operação Esperança Equilibrista na UFMG.
- Edward Snowden: Ex-contratado da NSA que vazou documentos revelando a espionagem massiva dos EUA, incluindo a Petrobras e o gabinete presidencial brasileiro.
- Clifford Sobel: Embaixador estadunidense, cujos telegramas foram revelados pelo WikiLeaks, detalhando a magnitude da descoberta do pré-sal e oportunidades para interesses comerciais estadunidenses.
- Karine Moreno-Taxman: Procuradora federal estadunidense, assessora jurídica residente na embaixada dos EUA no Brasil (2009-2013), que desenvolveu e aplicou metodologias de *lawfare* em seminários do Projeto Pontes.
- Stella Calloni: Jornalista argentina que alerta sobre os "golpes de novo tipo" (*lawfare*) como sendo tão lesivos quanto os antigos, mas mais sutis.

Referências

AUGUSTO, A. *Wikileaks: EUA criou curso para treinar Moro e juristas*. Brasil de Fato. Disponível em: brasildefato.com.br.

BORGES, A. Vaza Jato desmascara Moro e a mídia. Vermelho (mencionado).

BOURCIER, Nicolas & ESTRADA, Gaspard. "Au Brésil, une opération anticorruption aux méthodes contestables" — *Le Monde*, 10/04/2021. — Reportagem investigativa que resume a Lava Jato como estratégia de poder, revelando detalhes de colaboração informal EUA-Brasil e criticando métodos ilegais. Disponível em conjur.com.br.

BRASIL WIRE. "White House admits CIA involvement in 'War on Corruption'..." — 03/06/2021. — Artigo jornalístico que traz à tona confissão de fonte da Casa Branca sobre a participação da CIA na Lava Jato e cita discurso de Kenneth Blanco (DOJ) bragging do envolvimento. Disponível em brasilwire.com. Complementa as fontes oficiais com interpretação soberanista.

CASARA, Rubens R. R. *Estado Pós-Democrático: Neo-obscurantismo e Gestão dos Indesejáveis*. Rio de Janeiro: Civilização Brasileira, 2018. — Analisa teoricamente o contexto de erosão democrática e o papel do lawfare na perseguição de inimigos políticos, fundamental para compreender a Lava Jato.

Conjur. *Jornal francês mostra como os EUA usaram Moro e a Lava Jato*. Disponível em: conjur.com.br.

FERNANDES, Fernando Augusto. *Geopolítica da Intervenção — A Verdadeira História da Lava Jato*. Rio de Janeiro: Geração, 2020. — Obra de referência que expõe bastidores da Lava Jato, evidenciando os interesses ocultos dos EUA e o impacto geopolítico da operação. Disponível em conjur.com.br.

FERNANDES, Jorge & VALIM, Rafael (orgs.). *Lawfare: Uma Introdução*. São Paulo: Contracorrente, 2019. — Coletânea de artigos (juristas brasileiros e estrangeiros) explicando o conceito de lawfare e documentando casos na América Latina. Inclui análises da Lava Jato e comparações regionais (Argentina, Equador etc.).

FISHMAN, A. et al. *Lava Jato fez de tudo para ajudar justiça americana — inclusive driblar o governo brasileiro*. The Intercept Brasil. Disponível em: intercept.com.br.

LORUSSO, F. *Entrevista com Manuel Zelaya*. Brasil de Fato. Disponível em: brasildefato.com.br.

PIZZOLATO, H. *Lawfare é nova arma geopolítica para saquear países sem sangue*. Opera Mundi. Disponível em: operamundi.uol.com.br.

ROCHA, B. L. *Lava Jato: as brechas para a interferência dos EUA*. Outras Palavras / IHU. Disponível em: outraspalavras.net.

Relatório Paulo Pimenta ao Parlamento Europeu (2019): Documento apresentado pelo deputado Paulo Pimenta denunciando a cooperação ilegal dos EUA na Lava Jato, com anexos de provas (comunicações não autorizadas, ofícios, depoimentos). Disponível em sumário na Carta Capital/O Cafezinho. Útil para compreender a dimensão internacional do caso.

ROCHA, B. L. *Lava Jato: as brechas para a interferência dos EUA*. Outras Palavras / IHU. Disponível em: outraspalavras.net.

Telegramas Diplomáticos (WikiLeaks) — Brasil (2009—2010): Em especial, telegrama do Embaixador Clifford Sobel (2009) sobre o *Projeto Pontes* e cooperação EUA-Brasil em corrupção, disponível via WikiLeaks. Documento primário comprovando o planejamento estratégico norte-americano na área jurídica. Disponível em conjur.com.br.

The Intercept Brasil — Arquivos Vaza Jato (2019): Coletânea de mensagens obtidas pelo site The Intercept, expondo a coordenação ilegal entre juiz Moro e procuradores. Disponível online em série de reportagens ("*As mensagens secretas da Lava Jato*"). Fonte primária que confirma abusos e parcialidade na operação.

WEISBROT, M. *Paraguai: o golpe e o dedo de Washington*. Opera Mundi / Outras Palavras. Disponível em: operamundi.uol.com.br

pólen bold 90 gr/m2
tipologia calisto mt
impresso no inverno de 2025